Zehn Gebote für anspruchsvolle Frauen

Ursula Nuber

Zehn Gebote für anspruchsvolle Frauen

Scherz

2. Auflage 2001
Copyright © 2001 by Scherz Verlag, Bern, München, Wien.
Alle Rechte der Verbreitung, auch durch Funk, Fernsehen,
fotomechanische Wiedergabe, Tonträger
jeder Art und auszugsweisen Nachdruck,
sind vorbehalten.
Umschlaggestaltung: Franziska Muster, Bern

«Die Frage ist, welche Bedürfnisse du hast, was du wählst, wie du dein Leben führst, die Frage, ob du auf ewig wie eine Schülerin sein willst, die sich vor ihrem Lehrer fürchtet, da und dort mal den Unterricht schwänzt, aber immer aufpasst, ein unschuldiges Gesicht zu machen, damit man ja ihren Eltern nichts sagt, oder ob du selbst die oberste Autorität für dein Leben bist, im Guten wie im Schlechten, in jeder Hinsicht. Mir scheint, du versuchst die ganze Zeit, eine imaginäre krumme Linie gerade zu machen, um nicht zu sehr aus dem Rahmen zu fallen, um keinen zu hohen Preis zu bezahlen, vielleicht klappt es ja mit ein paar Reparaturen, aber sein ganzes Leben so zu verbringen ist schade.»*

Dieses Buch widme ich – mir. Und allen Frauen, die den Mut haben, aus dem Rahmen zu fallen.

* Zeruya Shalev, «Liebesleben», © 2000 Berlin Verlag, Berlin

Inhalt

Einleitung		9
Zehn Gebote für anspruchsvolle Frauen		20
I.	Du sollst ein «Biest» sein	21
II.	Du sollst deine Antreiber zum Schweigen bringen	34
III.	Du sollst dich nicht unter Wert verkaufen	46
IV.	Du sollst keine Diät mehr machen	62
V.	Du sollst mit Lust leben	78
VI.	Du sollst eigensinnig sein	90
VII.	Du sollst finanziell unabhängig sein	101
VIII.	Du sollst loslassen, was dich behindert	114
IX.	Du sollst herausfinden, was du wirklich willst	125
X.	Du sollst keine Powerfrau sein	136
Schluss		147
Literatur		153

Einleitung

Eine anspruchsvolle Frau! Was denken Sie, wenn Sie diese Bemerkung hören? Welche Bilder entstehen in Ihrem Kopf? Wie verhält sich eine Frau mit dieser Eigenschaft? Ist das eine, die andere herumkommandiert? Eine Diva, der selbst das Beste niemals gut genug ist? Die an allem etwas auszusetzen hat? Die an jedem Finger kostbare Ringe trägt und nur Designerware kauft? Die sich ihre Hände nicht schmutzig macht und andere für sich arbeiten lässt? Sind anspruchsvolle Frauen unangenehm, unbequem, aggressiv, irgendwie «unweiblich», auf keinen Fall «nett», «charmant», «liebenswert»? Anspruchsvoll, klingt das für Sie nach «Zicke», nach «eingebildeter Kuh», nach «Schnepfe»?

Selbst wenn Ihre Vorstellungen weniger drastisch ausfallen, bin ich überzeugt: Es kommen Ihnen mehr negative als positive Assoziationen in den Sinn. Das Wort «anspruchsvoll» hat nicht nur in Verbindung mit «Frau», sondern grundsätzlich kein gutes Image. Wer Ansprüche stellt, der will etwas, der fordert, der schlägt Wellen, macht Unruhe: Die uneheliche Tochter erhebt Anspruch aufs Erbe. Die geschiedene Frau beansprucht Unterhalt. Die alten Eltern glauben, einen Anspruch auf Versorgung zu haben, die studierenden Kinder erheben Anspruch auf monatliche Unterstützung, ein Arbeitsloser hat Anspruch auf Arbeitslosengeld, ein Angestellter hat Anspruch auf so und so viele Tage Urlaub. Auch in weniger wichtigen Situationen kommt zum Ausdruck, dass Ansprüche haben nicht etwas ist, wofür man Beifall erhält: «Du bist überhaupt nicht anspruchsvoll!», sagt mit zynischem Unterton der Mann in unserem Leben, wenn wir uns im Urlaub statt eines Drei-Sterne-Hotels ein Vier-Sterne-Haus wünschen. Und wenn wir Eindruck schinden wollen, leiten wir unsere Sätze nicht selten mit den Worten ein: «Ich bin nicht anspruchsvoll» (das kann sich auf alles Mögliche beziehen: aufs Essen, auf Kleidung, auf Kosmetik . . .).

Die Eigenschaft «anspruchsvoll» erscheint also wenig erstrebenswert. Kein Wunder, dass die meisten Frauen alles Mögliche sein wollen – stark, durchsetzungsfähig, selbstbewusst –, aber auf keinen Fall «anspruchsvoll». So gesehen ist es riskant, ein Buch für «anspruchsvolle Frauen» zu schreiben, kann es doch passieren, dass sich viele gar nicht angesprochen fühlen (wollen). Das wäre schade. Denn ich bin überzeugt davon, dass es den meisten so geht wie mir: Als ich zusammen mit meiner Lektorin Dörthe Binkert darüber nachdachte, ein Buch für *anspruchsvolle* Frauen zu schreiben, war meine erste spontane Reaktion: Nein, anspruchsvoll, das ist zu negativ, wer will schon anspruchsvoll sein. Doch schnell wurde ich stutzig. Da meldete sich neben der Abwehr noch ein anderes Gefühl. Und das war keineswegs unangenehm. Etwas an diesem Wort gefiel mir.

Ich begann mich zu erforschen: Ist die Eigenschaft anspruchsvoll vielleicht doch gar nicht so «schlecht», wie es auf den ersten Eindruck scheint? Bekommt sie ihr negatives Image möglicherweise nur dadurch, weil anspruchsvolle Menschen unbequem sein können? Natürlich: Wer keine Ansprüche stellt, ist pflegeleicht. Keine Ansprüche, keine Forderungen.

Ich fragte mich weiter: Stellen viele Frauen sich möglicherweise selbst ein Bein, weil sie bemüht sind, nur ja nicht anspruchsvoll zu erscheinen? Wenn wir auf das Etikett «anspruchsvoll» abwehrend reagieren, haben wir dann nur die Bewertung der Umwelt verinnerlicht, die anspruchsvoll mit egoistisch gleichsetzt? Natürlich wissen wir inzwischen, dass gegen einen «gesunden» Egoismus nichts einzuwenden ist und dass niemandem damit gedient ist, wenn wir uns selbst vernachlässigen. Doch wenn es darauf ankommt, zucken wir vor unseren eigenen Ansprüchen oft erschrocken zurück – wie Kinder, die sich ihre Finger am heißen Herd verbrannt haben. Nur nicht zu sehr in den Vordergrund spielen, nur nicht auffallen, nur nicht zu heftige Wellen schlagen!

Wenn das auch Ihr Motto ist, dann sind Sie noch zu wenig anspruchsvoll. Was nicht heißt, dass Sie keine Ansprüche haben. Sie wollen sich diese nur nicht eingestehen oder glauben, es sei nicht richtig, sie anzumelden.

Anspruchsvoll sein, das passt nicht zum Selbstbild vieler Frauen, das immer noch geprägt ist durch die traditionelle Frauenrolle, welche die Fürsorge für andere als großen Wert betont. Helfen, für andere da sein, das ist typisch Frau.

Vor lauter Sorgen um andere Menschen machen sie sich ihr Leben zusätzlich schwer: In psychologischen Studien wurde herausgefunden, dass ein ganz normaler Tag für Frauen sehr viel mehr Stress- und Ärgerquellen hat als der eines Mannes. Eine Frau kümmert sich den lieben langen Tag um unterschiedlichste Dinge: ihren Job, den Haushalt, die Kinder, den Geburtstag der Schwiegermutter, den Termin mit dem Klempner, den Kummer der Freundin. Der Mann lebt im Vergleich dazu in einer überschaubaren Welt: Seine Hauptstressquelle ist der Beruf. Schon bei der Familie vermindert sich sein Engagement deutlich, die Probleme anderer lässt er erst gar nicht so nah an sich heran. Die «emotionale Antenne» der Männer ist deutlich kürzer als die der Frauen. Sie merken nicht so schnell wie Frauen, dass den Kollegen irgendetwas quält. Und wenn sie es merken, fragen sie ihn nicht nach dem Grund. Frauen tun das – und wissen sehr viel besser über die Befindlichkeit der Menschen in ihrer Umgebung Bescheid als Männer. Meist belassen sie es nicht beim freundlichen Interesse, sie fühlen sich auch verantwortlich dafür, die Sorgen der anderen zu lindern. Sie machen sich Gedanken darüber, wie sie der liebeskranken Freundin helfen können, sie tragen der rückenschmerzgeplagten alten Nachbarin jeden Tag das Fahrrad aus und in den Keller, und es lässt sie nicht gleichgültig, wenn die Tochter der Kollegin in der Schule Schwierigkeiten hat. Weil sie sich so bereitwillig um andere kümmern, ist es für Frauen gar nicht gut, wenn sie zu viele Freundschaften pflegen. In einer amerikanischen Studie wurde festgestellt: Je mehr enge Freunde und Freundinnen eine Frau hat, desto unzufriedener ist sie. Viele Freunde bedeuten: viele Sorgen.

Frauen sind also immer noch das helfende, sorgende, unterstützende Geschlecht. Eigene Ansprüche passen da nicht ins Bild.

Das aber ist eine gefährliche Einstellung: Wer sich mehr um andere als um sich selbst kümmert, läuft Gefahr zu *ver*kümmern:

Anspruchs*lose* Frauen fühlen sich früher oder später wertlos und ausgebrannt, energielos und müde, neigen zu überzogener Selbstkritik und pessimistischem Denken. Sie fühlen sich als Marionetten anderer, ohne eigenen Willen, und kennen ihre eigenen Bedürfnisse nicht mehr.

Anspruchs*lose* Frauen haben zu wenig Zeit für sich selbst, können sich nicht entspannen, weil immer so viel zu tun ist, sind gefangen in der Routine des Alltags und den Anforderungen anderer, plagen sich mit Menschen herum, an denen ihnen eigentlich nicht viel liegt, sind nett, obwohl ihnen gar nicht danach ist, gehen nachlässig mit ihrer Gesundheit und ihrem Körper um, fühlen sich für alles und jedes verantwortlich (nur eben nicht für sich selbst), glauben unabkömmlich zu sein.

Anspruchs*lose* Frauen brauchen erst eine Erlaubnis, ehe sie sich um sich selbst kümmern. Erst wenn sie krank sind und der Arzt sie krankschreibt, sind sie bereit, sich den Anforderungen ihres Alltags für eine Zeit lang zu entziehen. Würden sie dies ohne einen «triftigen» Grund tun, fühlten sie sich schuldig, faul, egoistisch.

Anspruchs*volle* Frauen dagegen fühlen sich lebendig, sind voller Kraft und Energie, wissen, was sie wollen.

Anspruchs*volle* Frauen achten auf sich und ihre Bedürfnisse, so wie sie andere Menschen und deren Bedürfnisse achten. Sie müssen nicht bei allen Menschen beliebt sein, ja, sie grenzen sich ganz bewusst von Menschen und Situationen ab, die ihnen schaden. Anspruchsvolle Frauen wissen immer, was ihnen wichtig ist. Sie setzen keine falschen Prioritäten. Frauen mit Ansprüchen lieben sich selbst.

Wie steht es mit Ihren Ansprüchen? Natürlich haben Sie welche. Aber kennen Sie sie? Und: Stehen Sie zu diesen Ansprüchen? Sind Sie ganz bewusst und selbstbewusst eine «anspruchsvolle» Frau? Der folgende Test kann Ihnen einen Anhaltspunkt geben, wo Sie in puncto Ansprüche wirklich stehen. Überlegen Sie bei jeder Aussage, ob und wie stark Sie ihr zustimmen können. Kreuzen Sie eine 1 oder 2 an, dann bedeutet das «trifft nicht zu/trifft kaum zu». Die Zahlen 3 und 4 stehen für «trifft eher selten zu», 5 und 6 «trifft eher zu», 7 und 8 «trifft meistens zu», 9 und 10 «trifft stark zu».

Test: Sind Sie eine anspruchsvolle Frau?

1. Ich habe eine klare Vorstellung von mir selbst. Ich weiß genau, wer ich bin, was ich mag und was ich vom Leben erwarte.

   1   2   3   4   5   6   7   8   9   10

2. Ich kenne meine Bedürfnisse und sorge dafür, dass sie

erfüllt werden. Dabei verlasse ich mich mehr auf mich als auf andere.

1   2   3   4   5   6   7   8   9   10

3. Ich sorge dafür, dass ich meine Zeit mit Dingen und Menschen verbringe, die mir wirklich wichtig sind.

1   2   3   4   5   6   7   8   9   10

4. Ich bin zufrieden mit meiner beruflichen Situation. Meine Arbeit ist interessant, herausfordernd und sinnvoll und entspricht meinen Begabungen.

1   2   3   4   5   6   7   8   9   10

5. Ich bin in meiner Freizeit sehr aktiv. Ich habe ein Hobby, treibe Sport, engagiere mich.

1   2   3   4   5   6   7   8   9   10

6. Privat- und Berufsleben sind bei mir in Balance. Kein Bereich kommt zu kurz.

1   2   3   4   5   6   7   8   9   10

7. Ich bin eine Optimistin. Ich versuche, mich auf die positiven Seiten des Lebens zu konzentrieren und nicht über «verschüttete Milch» allzu lange nachzugrübeln.

1   2   3   4   5   6   7   8   9   10

8. Im Großen und Ganzen bin ich mit meinem Äußeren einverstanden.

1   2   3   4   5   6   7   8   9   10

9. Ich höre auf meine Gefühle.

1   2   3   4   5   6   7   8   9   10

10. Ich respektiere mich, und ich achte darauf, dass auch andere mir mit Respekt beggnen.

1   2   3   4   5   6   7   8   9   10

11. Ich nehme mir genügend Zeit für meinen Körper. Ich esse vernünftig, schlafe ausreichend, sorge für regelmäßige Bewegung.

   1   2   3   4   5   6   7   8   9   10

12. Ich nehme mir genügend Zeit für mein seelisches Wohlergehen. Ich lege Wert auf regelmäßige Erholung, unternehme Dinge, die mir Spaß machen, halte mir unangenehme Leute vom Leib.

   1   2   3   4   5   6   7   8   9   10

13. Ich nehme mir genügend Zeit für meinen Geist. Lese Bücher, die mir Spaß machen, lese regelmäßig Tageszeitung, habe Freude an Diskussionen.

   1   2   3   4   5   6   7   8   9   10

Auswertung:

Zählen Sie die Punkte zusammen, die Sie angestrichen haben. Die Höchstzahl, die Sie erreichen können ist 130, die niedrigste 13.

Folgende Tabelle zeigt Ihnen, wie ausgeprägt Ihre Anspruchshaltung ist:

130 – 110	Sie sind sehr anspruchsvoll. Sie wissen, was Sie wollen, und was gut für Sie ist. Sie haben auch keine Probleme damit, Ihre Ansprüche geltend zu machen.
109 – 80	Sie sind alles in allem eine anspruchsvolle Frau. Doch manchmal sind Sie noch zu zurückhaltend, wenn es um Sie selbst geht.

79 –	50	Sie können durchaus anspruchsvoll sein. Aber Sie sind es viel zu selten. Sie sind nicht wirklich davon überzeugt, dass Sie anspruchsvoll sein dürfen.
49 –	20	Sie sind eher anspruchslos. Sie nehmen sich selbst zu wenig wichtig.
19 –	13	Sie sind überhaupt nicht anspruchsvoll. Es wird höchste Zeit, Ihre Bescheidenheit und Zurückhaltung zu überdenken.

Wenn Sie nun feststellen, dass Sie entweder falsche Vorstellungen mit der Eigenschaft «anspruchsvoll» verbinden und/oder zu wenig anspruchsvoll sind, dann ist es Zeit für einen Wandel – Sie sollten Ihr Anspruchsniveau erhöhen. Das aber ist nicht ganz einfach – denn Sie müssen nicht nur Ihr Selbstbild verändern, sondern auch Ihre Mitmenschen müssen umdenken. Und das ist wohl die schwierigste Übung. Sie müssen sich auf Widerstand gefasst machen. Wenn Sie anspruchsvoller werden, verhalten Sie sich auch anders. Das aber gefällt den Menschen in Ihrer Nähe oft gar nicht. Vor allem, wenn Sie nicht mehr so selbstverständlich tun, was sie von Ihnen erwarten, werden sie Ihnen Schuldgefühle machen wollen. Sie müssen damit rechnen, als selbstsüchtig und egoistisch bezeichnet zu werden oder als unverantwortlich, kalt, neurotisch. Die Psychotherapeutin Harriet Goldhor Lerner schreibt: «Nichts ist furchterregender, als in einer Beziehung ein höheres Maß an Selbstbestimmung und Eigenständigkeit zu erkämpfen – und diese Errungenschaft trotz der Gegenreaktion des anderen aufrechtzuerhalten.» Und sie verweist auf die psychologische Erkenntnis, dass Familienangehörige und Freunde auf Unabhängigkeitsbestrebungen fast immer mit Widerstand reagieren, der in folgenden Stufen abläuft:

1. In der ersten Phase wird versucht, die Veränderungswillige davon zu überzeugen, dass sie «auf dem falschen Dampfer» ist: Das, was du tust oder denkst, ist ein Irrtum. Die Realität ist anders.
2. In der zweiten Phase kommt es zu Appellen: Vorher warst du netter, ausgeglichener, zufriedener. Werde doch wieder die Alte. Wir wollen dann auch deine Eskapaden vergessen.
3. Wenn das alles nichts fruchtet, werden schärfere Geschütze aufgefahren: Der Veränderungswilligen wird offen oder indirekt gedroht: Ich kann mit dir nicht mehr auskommen. Oder: Du machst mich krank mit deinem Verhalten. «Diese Reaktionen sind die unbewussten Versuche des anderen, die Beziehung in ihren alten Zustand, in ihr altes Gleichgewicht zurückzuversetzen, wenn die Angst vor Einsamkeit und Veränderung zu groß wird. Diese Gegenreaktionen sind keine Bösartigkeit, sondern Ausdruck von Angst als auch Ausdruck von Anhänglichkeit und Verbundenheit», erklärt Goldhor Lerner.

Wenn Sie ernsthaft überlegen, anspruchsvoller zu werden, machen Sie sich auf einiges gefasst: Sie werden zunächst nicht beliebter werden. Sie werden mit Ablehnung und Kritik fertig werden müssen. Was auch nicht verwunderlich ist. *Sie* wollen sich verändern. Sie dürften nicht erwarten, dass Ihre nächste Umgebung dazu Beifall klatscht. Denn Ihre Familie, Ihre Freundinnen und Freunde, Ihr Lebenspartner, Ihre Kollegen – alle mögen Sie so, wie Sie bisher waren: anspruchslos. So kennt man Sie, so weiß man, was man an Ihnen hat.

Wenn Sie anspruchsvoller werden, müssen Sie Geduld aufbringen und an Ihrer neuen Linie konsequent und glaubwürdig festhalten. Wann immer Ihnen Zweifel kommen oder sich Resignation breit macht, konzentrieren Sie sich auf Ihr neues Lebensmotto, das da heißt: «Ich bin eine anspruchsvolle Frau!»

Zehn Gebote für anspruchsvolle Frauen

I. Du sollst ein «Biest» sein

II. Du sollst deine Antreiber zum Schweigen bringen

III. Du sollst dich nicht unter Wert verkaufen

IV. Du sollst keine Diät mehr machen

V. Du sollst mit Lust leben

VI. Du sollst eigensinnig sein

VII. Du sollst finanziell unabhängig sein

VIII. Du sollst loslassen, was dich behindert

IX. Du sollst herausfinden, was du wirklich willst

X. Du sollst keine Powerfrau sein

I.
Du sollst ein «Biest» sein

«Die ist aber zickig!», «Die hat ein lockeres Mundwerk», «Eine Frau mit Haaren auf den Zähnen», «Der Mann hat bei der aber auch nichts zu lachen!», «Was für ein Biest!». Wir hören immer wieder solche und ähnliche Äußerungen über Frauen. Wie reagieren wir darauf? Wenn wir uns über unsere eigenen Ansprüche noch wenig im Klaren sind und sie auch nicht artikulieren können, ziehen wir einen deutlichen Trennungsstrich zwischen «diesen» Frauen und uns. So wie die wollen wir nicht sein: so auffällig, so unangenehm, so nervtötend, so humorlos, so unweiblich. Wir sind richtige Frauen, wir machen keinen Ärger, wir sind nett und verständnisvoll, unterlassen tunlichst alles, was den anderen reizen könnte, schweigen, um nicht alles noch schlimmer zu machen, lächeln, wo es gar nichts zu lächeln gibt, murmeln «Entschuldigung», obwohl wir gar nichts angestellt haben.

«Das stimmt doch längst nicht mehr. So angepasst ist doch heute keine Frau mehr», werden Sie jetzt vielleicht protestieren. Zugegeben: Diese Beschreibung fällt vielleicht etwas überspitzt aus. Doch machen wir uns nichts vor: Der Grad der weiblichen Anpassung ist immer noch viel zu hoch. Viele Frauen sind überzeugt davon, dass sie selbstbewusst und emanzipiert auftreten und mit Gleichberechtigung und Gleichbehandlung keinerlei Probleme haben. Mag sein, dass das in vielen Fällen zutrifft. Doch je genauer man das Verhalten von Frauen betrachtet, desto deutlicher sieht man die vielen kleinen Begebenheiten, bei denen sie alles andere als selbstbewusst agieren.

Diese Situationen kennen wir alle. Es sind Situationen, in denen wir nicht respektvoll und angemessen behandelt werden, in denen wir klein beigeben, in denen wir uns hilflos geben, um einen anderen Menschen zu schonen oder ihm keine Angst zu machen, in denen wir die Augen niederschlagen und lieber nicht wahrhaben wollen, was vor sich geht. Wann immer wir uns so verhalten, schützen wir uns selbst vor der unangenehmen Wahrheit: Wir wollen nicht registrieren, was vor sich geht, oder wir wiegeln ab. Wir machen die Schotten dicht, tun so, als seien das nicht wir, die da alles andere als selbstbestimmt auftreten. Aus Angst, wir könnten als «Biest», «Zimtzicke» oder «Dragoner» bezeichnet werden, halten wir lieber den Mund. Was wir dabei übersehen: Diese negativen Zuschreibungen haben eine wichtige Funktion. Wer eine Frau als «Biest» bezeichnet, versucht sie mit all ihren Ansprüchen in die Schranken zu weisen. Ein «Biest», eine «zickige Person» braucht man nicht anzuhören, geschweige denn ernst zu nehmen. Mit so jemandem muss man sich nicht auseinander setzen. Wer solche Etiketten verleiht, möchte nicht nur seine Bequemlichkeit und seine Sicht der Dinge behalten, sondern signalisiert damit zugleich anderen Frauen: Hüte dich, so zu werden! Du siehst ja, dass man damit nicht allzu weit kommt!

Wir Frauen können diesem üblen Spiel ein Ende bereiten. Wie? Indem wir den Negativzuschreibungen wie «Zicke» oder «Biest» eine neue, uns gemäße Bedeutung geben. Es liegt an uns, ob wir uns die Wertung anderer zu eigen machen oder ob wir ihr widersprechen und unsere dagegensetzen. Wir haben die Macht, dafür zu sorgen, dass eine Frau, die als «Biest» bezeichnet wird, ihren Kopf noch höher trägt, weil sie weiß, dass sie Repräsentantin einer anspruchsvollen Weiblichkeit ist. Ein «Biest» sagt, was es denkt, und fordert, was ihm zusteht. Ein «Biest» lässt sich nichts gefallen. Eine Frau, die ein Biest ist, wird seltener in schwierige oder gar gefährliche Situationen kommen. Sie wird – wenn auch oft zähneknirschend – Respekt erfahren, wo andere Frauen sich klein und hilflos fühlen. Eine Frau, die sich zu wehren weiß, merkt schnell, wenn sie verbal angegriffen und gedemütigt wird. Sie weist unverschämte und allzu vertrauliche Zeitgenossen deutlich in ihre Schranken und zeigt ihnen: «Das kannst du mit mir nicht machen.»

Wie zum Beispiel jene Stewardess, die geistesgegenwärtig und anspruchsvoll einem unverschämten Fluggast seine Grenzen aufzeigte. Die Situation am Flughafen war chaotisch. Zahlreiche Flüge mussten wegen Nebels gestrichen werden. Vor den Schaltern bildeten sich lange Schlangen. Alle Reisenden wollten wissen, ob und wann sie ihr Flugziel erreichen konnten. Da drängte sich wutschnaubend und energisch ein Mann mittleren Alters an den Wartenden vorbei und blaffte die Bodenstewardess an: «Ich muss sofort einen Flug nach Berlin bekommen. Ich habe wichtige Termine.» Die Airline-Angestellte knipste ihr berufliches Lächeln an und erklärte ihm geduldig, dass sie nicht zaubern könne. Er müsse warten und sich gedulden wie alle anderen auch. Daraufhin drehte der verhinderte Fluggast erst recht auf: «Sie stehen wohl auf der Leitung. Ich muss nach Berlin. Und ich verlange, dass Sie das möglich machen.» Wiederum erhielt er, immer noch in freundlichem Ton, die einzig mögliche Auskunft: Nichts geht im Moment. Worauf der Mann die Stewardess anbrüllte: «Ich muss nach Berlin. Wissen Sie denn nicht, wer ich bin?» Da klatschte die so Angeschriene ohne zu zögern in die Hände und bat die Wartenden um Aufmerksamkeit: «Ich habe hier einen Gentleman, der mich fragt, ob ich wüsste, wer er sei. Ich weiß es nicht. Kennt jemand von Ihnen diesen Herrn?» Damit hatte sie nicht nur die Lacher auf ihrer Seite. Sie hatte auch ihre Würde gewahrt – und dem Angeber seine Grenzen aufgezeigt.

Das nächste Beispiel beschreibt eine ganz andere Form von Zumutung, die eine anspruchsvolle Frau auf ihre Weise abwehrte: Sie saß auf der Restaurantterrasse ihres Urlaubshotels, als zwei neu eingetroffene männliche Gäste am Nebentisch Platz nahmen. Einer der beiden fing sofort an, in höchster Lautstärke über die Abenteuer der Anreise zu berichten, darüber, dass er seit Jahren an diesen Ort fahre, weil hier seine wahren Freunde seien – was er durch ein lautstarkes «Gell, Christine!!» und einen herzhaften Klaps auf den

Po der so angesprochenen Bedienung unterstrich. Das ging eine ganze Weile. Den anderen Gästen war sichtlich unbehaglich zumute: Sie warfen kritische Blicke auf den Lärmenden, tuschelten, schüttelten abfällig, aber diskret den Kopf. Da stand die anspruchsvolle Frau auf, ging auf den «Lautsprecher» zu und bat ihn höflich, aber bestimmt: «Könnten Sie sich bitte in angemessener Lautstärke unterhalten. Ich mache hier ebenso Urlaub wie Sie, und ich interessiere mich nicht für Ihre Ansichten.» Das saß. Und wirkte.

Ein drittes Beispiel: Eine anspruchsvolle Frau geht an einer Baustelle vorbei, einer der Bauarbeiter pfeift ihr nach. Statt das Pfeifen zu ignorieren, kehrt sie um und sagt dem Arbeiter ins Gesicht: «Bitte pfeifen Sie mir nicht nach. Ich bin kein Hund.»

Und ein letztes Beispiel für anspruchsvolles Verhalten: In der übervollen U-Bahn drängt sich ein Mann von hinten an eine junge Frau. Wie zufällig greift er ihr an den Hintern. Viele Frauen würden eine solche Situation als «Zufall» abtun und sich wegdrücken. Nicht diese Frau: «Ich habe gerade eine Hand an meinem Po gefunden», sagt sie laut. «Gehört sie zufällig jemandem hier?»

Ihnen passiert so etwas nicht? Sie können sich nicht erinnern, dass jemand Sie auf solche Weise respektlos behandelt oder runtergemacht hat? Gut möglich. Wir Frauen sind oft schon so an verbale Entgleisungen und Zumutungen gewöhnt, dass es uns gar nicht mehr auffällt, wenn sie passieren. Und wenn doch, dann haben wir gelernt, darauf «vernünftig» zu reagieren. «Tu so, als ob nichts wäre. Übergehe die Bemerkung.» «Geh schnell weiter, sag lieber nichts.» «Vermeide Blickkontakt und höre nicht zu.» Deshalb reagieren wir nicht, wenn uns ein Mann auf der Straße nachpfeift – und geben ihm so die Erlaubnis, ein Urteil über unser Aussehen abzugeben. Deshalb lachen wir über die frauenfeindlichen Witze des Kollegen – und machen uns zu seiner Verbündeten. Deshalb übergehen wir aggressive Äußerungen, weil wir nicht alles noch schlimmer machen wollen. Kurz: Wir benehmen uns alles andere als anspruchsvoll. Wären wir anspruchsvoll, würden wir uns nicht auf anspruchslose Gespräche mit Menschen einlassen, die uns nicht respektieren. Wären wir anspruchsvoll, dann wären wir nicht nett und höflich zu Leuten, die sich danebenbenehmen. Anspruchsvolle Frauen reagieren äußerst empfindlich, wenn sie sich in ihrer Würde und Integrität angegriffen fühlen.

Anspruchsvoll sein, das setzt voraus, dass Sie Unverschämtheiten schnell und sicher identifizieren und nicht mehr länger aus Gewohnheit hinnehmen. Um die eigene «Biestigkeit» zu trainieren, müssen Sie lernen, empfindlicher, wachsamer zu werden. Denn nicht nur die eindeutigen, großen Übergriffe hinterlassen Spuren, sondern auch die, die nicht so offen sichtbar und erkennbar sind.

So macht beispielsweise nicht nur konkrete sexuelle Anmache Frauen am Arbeitsplatz zu schaffen. Ebenso verheerend wirkt sich der unauffällige Sexismus aus. In einer Befragung von fast 800 weiblichen Angestellten konnten amerikanische Wissenschaftler einen klaren Zusammenhang zwischen Arbeitsunlust, psychosomatischen Beschwerden und dem Verhalten der männlichen Kollegen feststellen: Frauen, die sich sexistische Witze anhören mussten, deren Aussehen von den «lieben» Kollegen kommentiert wurde oder die sich nicht ernst genommen fühlten, verloren auf Dauer nicht nur ihre gute Laune. Sie wurden auch körperlich krank: Kopfschmerzen, Rückenbeschwerden und andere psychosomatische Leiden machten vor allem jenen Frauen zu schaffen, die sich gegen die – oft in Freundlichkeit verpackten – Attacken der Kollegen nicht zu wehren wussten.

Der Rat, den wohl alle Frauen auf ihrem Entwicklungsweg vom Mädchen zur Erwachsenen mitbekommen: «Ignoriere, was passiert!», ist also kein guter Rat. Weder für das Geschehen im öffentlichen Leben noch für das in den eigenen vier Wänden. Jeder zweiten Frau wird mindestens einmal in ihrem Leben in irgendeiner Form Gewalt angetan, jede fünfte erlebt sexuellen Missbrauch, wobei der Täter meist aus der Familie oder dem Bekanntenkreis stammt. Die meisten Opfer schweigen über die Tat, sie schämen sich, fühlen sich mitverantwortlich. Sie glauben, keinen Anspruch auf Gegenwehr, auf Rache und Wiedergutmachung zu haben.

Aber auch jenseits solch verheerender Erlebnisse lassen sich Frauen häufig viel zu viel von Ehemännern und Partnern gefallen. Wenn er aus der Rolle fällt und laut und unbeherrscht reagiert, entschuldigen sie ihn: «Er ist leider jähzornig, aber eigentlich ein ganz weicher Kerl.» Sie schweigen aus Vorsicht, wenn ein Freund unflätige Äußerungen von sich gibt, die sie, wenn sie ehrlich sind, als «seelische Umweltverschmutzung» geißeln müssten. Sie wehren sich nicht, wenn sie als Beifahrerin erleben müssen, dass der Fahrer seine Aggressionen im Straßenverkehr abreagiert. Sie sagen keinen Ton, wenn er Abend für Abend vor dem Fernseher sitzt und nicht angesprochen werden will. Sie sind wie gelähmt, wenn ein ihnen nahe stehender Mensch die Atmosphäre mit seiner schlechten Laune vergiftet. Vielen geht es so, wie Ja'ara, der jungen Heldin in Zeruya Shalevs Roman «Liebesleben»:

> «Ich versuchte ihm zuzulächeln, aber es wurde ein schiefes Lächeln wie das von Frauen, deren Ehemänner spät nach Hause kommen, und sie wollen Selbstachtung demonstrieren, ohne dass es ihnen wirklich gelingt . . . als er mich anschaute, wandte er sich gegen mich, und ich fühlte die Last einer schlechten Laune mit meinem ganzen Körper, als wäre ich schuld an dem Missgeschick . . . und ich wusste nicht, was ich tun sollte, wie ich seinen Zorn besänftigen konnte. Ich versuchte, ruhig zu sein, mich nicht aufzuregen, aber in meinen Ohren hörte ich das Pfeifen der Angst, wie das Pfeifen einer Lokomotive, die immer näher kommt, während man weiß, dass die Schranke nicht funktioniert und ein Unfall nicht mehr zu vermeiden ist und nur noch die Frage bleibt, wie groß die Katastrophe sein wird.»*

* Zeruya Shalev, «Liebesleben», © 2000 Berlin Verlag, Berlin

Damit die Katastrophe nicht zu große Ausmaße annimmt, verhalten sich viele Frauen auch in ihren privaten Beziehungen anspruchslos. Sie dulden. Sie schweigen. Sie wiegeln ab. Sie zeigen Verständnis. Sie nehmen hin, was angeblich nicht zu ändern ist. Besser wäre es, sie würden Grenzen aufzeigen – und dies von Anfang an. Amerikanische Psychologen konnten belegen: Beziehungen haben nur dann wirklich Bestand, wenn beide Partner sich gegenseitig klar machen, dass sie verletzendes, demütigendes Verhalten des anderen nicht dulden. Werden Nörgeleien, Schimpfworte, Gereiztheiten oder gar Gewalt sofort eindeutig abgelehnt («Tu das nie wieder, sonst ziehe ich Konsequenzen/verlasse dich/zeige dich an»), dann ist die Chance groß, dass dieses unangemessene Verhalten nicht wieder auftritt. Je größer der Respekt voreinander und je niedriger die Toleranzschwelle für destruktives Verhalten ist, desto stabiler ist die Beziehung.

Seien Sie anspruchsvoll! Wehren Sie sich! Lassen Sie es weder in Ihren privaten Beziehungen noch in beruflichen noch in zufälligen Kontakten zu, dass andere Sie respektlos behandeln und Sie in Ihrem Wert herabsetzen. Und machen Sie sich immer wieder bewusst: In allen Lebensbereichen sind es viel häufiger die alltäglichen kleinen Nadelstiche als die großen, deutlich sichtbaren Übergriffe, die unsere Würde und unser Selbstwertgefühl untergraben – wenn wir sie übergehen und nicht auf sie reagieren.

Wenn Sie bislang zu den «duldenden» Frauen gehört haben, wird es Ihnen anfangs schwer fallen, selbstbestimmter und anspruchsvoller aufzutreten. Setzen Sie sich nicht unter Druck und gehen Sie schrittweise vor:

- Wichtig ist, dass Sie das negative Bild von anspruchsvollen Frauen, das möglicherweise noch in Ihrem Kopf festsitzt, loswerden. Frauen, die klar und deutlich sagen, was sie wollen und was sie nicht wollen, sind nicht zickig, unweiblich oder humorlos. Sie werden von der – meist männlichen – Umwelt so bezeichnet, weil sie natürlich sehr viel unbequemer sind als weniger anspruchsvolle Frauen. Verwechseln Sie nicht anspruchsvolle Frauen mit jenen unangenehmen Zeitgenossen, die immer und überall etwas zu kritisieren haben, die andere nach ihrer Pfeife tanzen lassen und völlig egozentrisch durch das Leben gehen. Diese Sorte Mensch gibt es unter Frauen wie Männern – von denen ist hier nicht die Rede. Anspruchsvoll sein hat damit nichts zu tun. Anspruchsvolle Frauen vertreten mutig ihren Standpunkt, nehmen kein Blatt vor den Mund und erlauben es anderen nicht, ihnen gegenüber respektlos zu sein.
- Machen Sie sich klar, dass Sie sich selbst schwächen, wenn Sie darauf verzichten, von anderen Respekt und einen angemessenen Umgangston zu verlangen. Wenn andere mit Ihnen machen können, was sie wollen, dann fühlen Sie sich hilflos, gelähmt, unter Umständen richtig beschmutzt. Diese Gefühle können Ihnen Ihre Lebensfreude und Energie rauben und langfristig zu so starken seelischen Verspannungen führen, dass Sie Ihre Gesund-

heit aufs Spiel setzen. Lernen Sie, sich immer öfter selbst in die erste Reihe zu setzen. Überlassen Sie nicht selbst- oder gedankenlos anderen diesen wichtigen Platz.
- Hören Sie auf Ihr Gefühl. Wahrscheinlich geraten Sie immer wieder in die Situation, dass Sie sich unwohl oder bedroht fühlen, aber unsicher sind, ob Sie deshalb gleich «ein Fass aufmachen» sollen. Selbstgespräche wie «Was ist, wenn ich mich irre? Ich will mich doch nicht blamieren!» blockieren Sie dann in Ihrem Handeln. Wenn sich viele Frauen nicht über sexuelle Anzüglichkeiten oder schlüpfrige Witze von Männern empören, obwohl sie sich davon belästigt fühlen, dann oft deshalb, weil sie ihrer eigenen Wahrnehmung nicht trauen. Was sie selbst als störend oder unverschämt empfinden, könnte ihnen, so fürchten sie, als Überempfindlichkeit und Prüderie ausgelegt werden.

Anspruchsvolle Frauen kennen derartige Zweifel nicht. Sie wissen: Wenn mir mein Gefühl signalisiert: «Das ist nicht richtig, was der andere sagt oder tut», oder wenn mir in Gegenwart eines anderen unbehaglich ist, muss ich nicht abwarten, bis mir jemand mein Gefühl bestätigt. Ich darf, ich muss handeln, will ich meine Würde wahren.
- Bereiten Sie sich auf die negativen Reaktionen Ihrer Umwelt vor. Es ist so sicher wie das Amen in der Kirche, dass Sie zunächst auf Widerstand stoßen werden, wenn Sie anfangen, sich zur Wehr zu setzen. Aber sehr bald werden Sie merken, dass die anderen Menschen um Sie herum

durchaus lernfähig sind. Eine Frau, die jahrelang die Zornesausbrüche ihres Mannes stoisch ertragen hatte, erkannte eines Tages: «Wenn ich mir das weiterhin gefallen lasse, kann ich mir selbst nicht mehr ins Gesicht sehen.» Sie fing an, sich gegen seine Schimpfkanonaden und Fluchorgien zur Wehr zu setzen. Sie erklärte ihm, dass selbst dann, wenn sie gar nicht das Ziel seiner Angriffe war, sondern die «korrupten Politiker», der «intrigante Kollege» oder der «Hornochse von einem Chef», sich dies wie Zement auf ihre Seele lege. Zunächst steigerte dies seine Wut. Doch als sie konsequent immer wieder ihre Meinung formulierte und jedes Mal demonstrativ das Zimmer verließ, wenn er «loslegte», wurden seine Tobsuchtsanfälle immer seltener.

- Selbstverteidigung hat viele Gesichter. Am häufigsten müssen Sie sich wohl verbal verteidigen. Es kann aber nicht schaden, wenn Sie sich im Ernstfall auch mit Händen und Füßen wehren können. Ein Kurs in Selbstverteidigungsmethoden ist dabei nicht nur sinnvoll, um körperliche Angriffe abzuwehren. Auch schüchterne, selbstwertschwache Frauen können von einem derartigen Training profitieren. Selbstverteidigung ist eine Mehrzweckwaffe, meint die Psychologin Julie Weitlauf von der Universität von Illinois in Chicago. Sie unterrichtete 80 Frauen im Alter zwischen 18 und 23 Jahren sechs Wochen lang in Selbstverteidigung und brachte ihnen bei, sich körperlich wie auch verbal gegen Angreifer zu wehren. Am Ende des Kurses konnten die Teilnehmerinnen nicht nur die Techniken gut anwenden, auch ihr Selbstwertgefühl war deutlich gestiegen, wie psychologische Tests offenbarten. Das Wissen «Ich kann mich selbst beschützen!» wirkt sich offensichtlich auf alle Lebensbereiche positiv aus. Deshalb kann ein Training in Selbstverteidigung unter Umständen mehr bewirken als eine Psychotherapie.

II.
Du sollst deine Antreiber zum Schweigen bringen

Dieses Gebot hängt eng mit dem 1. Gebot zusammen. Handelt das Gebot «Du sollst ein ‹Biest› sein» von dem Respekt, den wir zu Recht von anderen erwarten dürfen, so geht es hier um den Respekt und die Achtung, die Sie sich selbst entgegenbringen. Nur wenn Sie sich selbst respektvoll behandeln, können Sie erwarten, dass es auch andere tun. Grundsätzlich gilt: Sie ernten, was Sie säen. Oder anders ausgedrückt: Wenn Menschen merken, dass Sie mit sich respektvoll umgehen, dass Sie sich Ihres eigenen Wertes bewusst sind, dann begegnen sie Ihnen automatisch mit Respekt. Vernachlässigen Sie dagegen sich selbst, können Sie auch nicht erwarten, dass andere Ihren Wert erkennen.

Mit Vernachlässigung ist dabei nicht gemeint, dass Sie in abgetragenen, zerrissenen Kleidern oder mit fettigen Haaren herumlaufen. Vernachlässigung, die auf mangelnden Selbstrespekt hindeutet, äußert sich fast immer darin, dass Sie sich selbst nicht in Ruhe lassen können, dass Sie mit sich zu streng und ungeduldig sind, dass Sie sich unbarmherzig antreiben. Viele Frauen merken gar nicht, wie respektlos sie mit sich selbst umgehen. Dass innere Antreiber am Werke sind, merken Sie beispielsweise,

- wenn Sie sich in Selbstgesprächen in den Senkel stellen («Kannst du nicht aufpassen!», «Das hätte dir nicht passieren dürfen!», «Du solltest konsequenter, ausdauernder, freundlicher, geduldiger . . . sein»),
- wenn Sie glauben, keine Fehler machen zu dürfen,
- wenn Sie das Wort «nein» vermeiden, weil Sie andere nicht enttäuschen wollen,
- wenn Sie Entscheidungen lieber anderen überlassen,
- wenn Sie ständig etwas an Ihrem Äußeren zu mäkeln haben und Ihren Körper mit Diäten oder extremen Fitnessübungen quälen,
- wenn Sie ständig etwas für andere tun, aber niemals sich selbst verwöhnen,
- wenn Sie sich zwischen Beruf und Familie aufreiben, weil Sie denken, es müsste alles immer sofort und möglichst perfekt erledigt werden,
- wenn Sie Ihr Können, Ihre Talente, Ihre Leistungen abwerten mit den Worten «Ach, das war doch nichts Besonderes!»,
- wenn Sie am Ende eines Tages denken: «Ich hätte mehr leisten/erledigen können»,
- wenn Sie glauben, keine besonderen Fähigkeiten zu besitzen,
- wenn Sie sich hetzen lassen und keine Zeit für sich selbst finden.

Wenn es Ihnen an Selbstrespekt fehlt und Sie zu anspruchslos sind, dann können Sie sicher sein, dass auch in Ihrem Leben ein Antreiber am Werk ist (oder sogar mehrere ihr Unwesen treiben). Dieser Antreiber bestimmt Ihr Handeln. Folgsam richten Sie sich nach ihm, weil er Ihnen einflüstert: «Du bist nur in Ordnung, wenn du meine Forderung erfüllst!»

Wie dieser Antreiber in Ihr Leben gekommen ist, fragen Sie? Nun, in den meisten Fällen liegt die «Geburtsstunde» der Antreiber in der Kindheit. Sehr früh lernen wir, welches Verhalten von Erwachsenen gewünscht und bestärkt wird. Wer zum Beispiel von der Forderung «Sei perfekt!» angetrieben wird, der hat die elterliche Botschaft «Wir akzeptieren dich nur, wenn du alles richtig machst» verinnerlicht. So entwickeln wir Verhaltensweisen, die sich wie ein roter Faden durch unser Leben ziehen, die wir nicht hinterfragen und oftmals auch gar nicht hinterfragen *können*, weil wir von der Existenz der Antreiber nichts wissen.

Wenn Sie an Selbstrespekt zulegen wollen, ist es wichtig, dass Sie zunächst den Antreiber in Ihrem Leben ausfindig machen. Was ist typisch für Sie? Sind Sie eine Perfektionistin? Leiden Sie unter dem «Nette-Mädchen-Syndrom»? Müssen Sie alles sofort und schnell erledigen, gönnen Sie sich selten eine Ruhepause? Haben Sie wenig Freude an dem, was Sie tun?

Folgende Übung aus der Transaktionsanalyse kann Ihnen bei der Identifikation Ihres Antreibers (es können auch mehrere sein) helfen.

Nehmen Sie sich zehn Minuten Zeit und schreiben Sie auf ein Blatt Papier 20 Dinge, die Ihnen in Ihrem Beruf und in Ihrer Freizeit wirklich Spaß machen, die Sie gerne tun, bei denen Sie sich richtig wohl fühlen. Es spielt keine Rolle, ob Sie diese Dinge wirklich regelmäßig oder nur selten oder noch gar nicht tun. Nach zehn Minuten schauen Sie sich an, was Sie aufgeschrieben haben. Kennzeichnen Sie mit +, was Sie bereits verwirklichen, mit –, was Sie bislang nicht tun.

In den nächsten 20 bis 30 Minuten überlegen Sie, was Sie davon abhält, die Dinge zu tun, die Sie gerne tun würden. Überlegen Sie genau und geben Sie sich nicht mit Ausreden wie «keine Zeit», «kein Geld» zufrieden. Mögliche Gründe könnten sein: «traue ich mir nicht zu», «mein Mann wäre dagegen», «dann müsste ich anderes vernachlässigen».

Sobald Sie Ihre Gründe zusammengetragen haben, prüfen Sie: Welcher Antreiber könnte dahinter stecken? Wenn Sie zum Beispiel gerne reiten lernen möchten und als Gegengrund angeben: «Das traue ich mir nicht zu», dann könnte der Antreiber «Sei perfekt!» Ihnen einen Streich spielen. Wenn Sie gerne Ihre Englischkenntnisse perfektionieren würden, aber fürchten, dass Ihr Partner etwas dagegen hat, dann werden Sie vielleicht vom «Sei anderen gefällig!»-Antreiber tyrannisiert.

Haben Sie Ihren Antreiber entlarvt, gilt es in einem weiteren Schritt, seine Stimme langsam leiser zu schalten. Vollständig werden Sie ihn vielleicht nicht aus eigener Kraft zum Schweigen bringen können, aber einen gehörigen Dämpfer können Sie ihm schon verpassen. Sobald Sie nicht mehr selbstverständlich von einer Verpflichtung zur anderen hetzen, sobald Sie anfangen, die Notwendigkeit Ihres

Tuns zu hinterfragen, werden Sie schnell feststellen: Niemand zwingt Sie, alles sofort zu erledigen. Niemand verlangt, dass Sie alles perfekt machen. Niemand erwartet, dass Sie ständig nett sind. Niemand fordert, dass Sie jedes private Telefongespräch annehmen müssen. Niemand kann ein «Ja» aus Ihnen herauspressen, niemand steht neben Ihnen und packt Ihnen immer noch mehr auf die Schultern. Niemand hält Ihnen die Pistole an den Kopf und nötigt Sie, sich um Leute zu kümmern, an denen Ihnen gar nichts liegt.

Sie ganz allein sind es, die sich unter Druck setzt. Sie ganz allein überfordern sich. Aber was ist mit den Kindern, den alten Eltern, dem anspruchsvollen Ehemann, dem Chef, der so viel von Ihnen erwartet? Sicher, diese Menschen gibt es in Ihrem Leben, aber erwarten die wirklich all das von Ihnen, was Sie geben? Haben Sie jemals überprüft, was passiert, wenn Sie Ihr Leben etwas lockerer, aber mit mehr Selbstrespekt und Selbstfürsorge angehen? Wagen Sie das Experiment. Gewöhnen Sie es sich an, immer dann, wenn Sie unter Druck geraten, die Frage nach Ihrem Antreiber zu stellen. Er ist meist schuld daran, wenn Sie sich selbst aus den Augen verlieren.

Hier drei Situationen zum Üben:

1. Sie wollen sich einen gemütlichen Abend machen. Da klingelt das Telefon. Widerstrebend nehmen Sie den Hörer ab. Es ist eine Mitarbeiterin einer Telefonmarketingfirma, die Ihre Meinung zu einem bestimmten Produkt erfahren will. Wie reagieren Sie?

   a) Sie lassen sich auf den Anruf ein, beantworten die Fra-

gen und ärgern sich hinterher über die verschwendete Zeit.
b) Sie unterbrechen die Anruferin sofort höflich und erklären ihr, dass Sie kein Interesse an einer Befragung haben.
2. Ihr Partner hat immer häufiger etwas an Ihnen auszusetzen: «Ständig telefonierst du stundenlang», «Du musst immer das letzte Wort haben», «Immer reagierst du beleidigt».
a) Sie versuchen, seine Bemerkungen zu ignorieren, und hoffen, dass er sich irgendwann wieder beruhigen wird.
b) Sie sagen ihm klipp und klar, dass Sie seine Anschuldigungen für unangemessen halten. Sie bitten ihn, nicht verallgemeinernd zu kritisieren, sondern Ihnen konkret und angemessen Rückmeldung zu geben, wenn er sich über Sie ärgert.
3. Eine alte Freundin meldet sich unerwartet und lädt Sie für heute Abend zum Essen ein. Sie aber haben eigentlich schon eigene Pläne. Was tun Sie?
a) Sie ändern Ihre Pläne, weil Sie die Freundin nicht enttäuschen wollen.
b) Sie sagen ihr, dass Sie heute Abend leider schon etwas vorhaben, aber sie zu einem anderen Zeitpunkt gerne treffen würden.

Wenn Sie in allen drei Fällen mehr zu den a-Antworten tendieren, dann sind Sie Opfer des Antreibers «Sei gefällig!».

Wann immer andere Menschen von Ihnen etwas wollen, sollten Sie, ehe Sie reagieren, in Ihrem eigenen Interesse eine kleine Pause einlegen und überlegen: Wenn ich jetzt zusage, nachgebe, einlenke, will ich das wirklich? Oder reagiere ich so, weil mein Antreiber mich dazu verleitet?

Den Antreiber «Sei perfekt!» können Sie zur Strecke bringen, indem Sie sich beispielsweise fragen: Muss das gleich erledigt werden?

«Jahrelang wunderte ich mich, wie mein Mann es schaffte, jeden Morgen die Tageszeitung zu lesen. Woher nimmt er nur die Zeit?, fragte ich mich. Schließlich fand ich die Antwort: Ich erledigte am Morgen so vieles nebenbei, dass Zeitunglesen keinen Platz mehr hatte: bereitete das Frühstück, deckte den Tisch, machte die Kinder fertig für die Schule, packte ihnen Pausenbrote ein, räumte die Küche auf. Währenddessen saß er gemütlich auf seinem Stuhl und las Zeitung.» Diese Erzählung einer berufstätigen Hausfrau wird Ihnen bekannt vorkommen. Wie die meisten Frauen erledigen Sie wahrscheinlich viele Dinge gleichzeitig, weil Sie sonst zu stark unter Stress geraten. Vieles geht Ihnen so automatisch von der Hand, dass Sie gar nicht mehr merken, wie Sie sich selbst wertvolle Zeit stehlen.

Ein simples Beispiel: Sie räumen den Frühstückstisch ab, stellen die Butter in den Kühlschrank und merken: «Der muss dringend abgetaut werden.» Was tun Sie?

Sie machen sich gleich an die Arbeit und lassen alles, was Sie vorhatten, links liegen? Wenn Sie so reagieren, sind Sie bereits eine Marionette Ihres Antreibers «Sei perfekt!».

Fragen Sie sich stattdessen: Muss ich das wirklich gleich erledigen? Ist mir im Moment nicht anderes wichtiger? Wann wäre ein guter Zeitpunkt?

Solche Fragen sind nicht nur bei vereisten Kühlschränken sinnvoll. Sie gelten auch für alle anderen Anforderungen, Wünsche, Probleme, die an Sie herangetragen werden oder unerwartet auftauchen: Gewöhnen Sie es sich an, niemals sofort, spontan zu handeln. Prüfen Sie zuerst, wie wichtig die Angelegenheit wirklich ist, wie stark Sie mit Ihren Plänen kollidiert und ob das Ganze nicht warten kann.

Eine zweite wichtige Frage, mit deren Hilfe Sie Kontrolle über Ihre Antreiber gewinnen können, lautet: Kann jemand anderer diese Aufgabe übernehmen? Kann ich diese Aufgabe delegieren? Das sind Fragen, die sich anspruchsvolle Frauen ganz selbstverständlich stellen. Weniger anspruchsvollen kommen sie entweder erst gar nicht in den Sinn, und wenn doch, dann haben sie gleich ein schlechtes Gewissen, oder sie finden Gründe, warum sie nicht delegieren können oder warum andere dafür nicht geeignet sind.

Eine Freundin erzählte beispielsweise folgende Geschichte, die auf den ersten Blick witzig ist, auf den zweiten jedoch nachdenklich stimmt: Sie hatte die Nase voll davon, allein für die Putzarbeiten im Haus verantwortlich zu sein. Deshalb forderte sie ihren Lebensgefährten auf, doch auch mal das Bad zu säubern. Als sie eines Abends von der Arbeit nach Hause kam, empfing er sie freudig-stolz, zog sie ins Badezimmer und präsentierte ihr ein sauberes Bad. Meister Propper hätte sicherlich einiges daran auszusetzen gehabt, doch sie freute sich. Dann aber fiel ihr Blick auf die ausschließlich fürs Bad reservierten Putzlappen – die waren alle noch am alten Platz und trocken. «Womit hast du geputzt?», fragte sie ihren frisch gebackenen Hausmann. «Mit einem Schwamm», antwortete er, schon leicht verunsichert. «Welchem denn?», fragte sie nach. «Diesem.» Er zeigte auf ihren Kosmetikschwamm. Die Freundin war von der Unbeholfenheit ihres Mannes so gerührt, dass sie fortan wieder das Bad selber putzte.

Solche oder ähnliche Erfahrungen machen viele Frauen, wenn sie versuchen, ihre Lebensgefährten mehr in die Alltagspflichten einzubinden. Gewohnheiten sind schwer zu durchbrechen. Es ist eine traurige Tatsache, dass Männer sich bei Hausarbeiten immer noch vornehm zurückhalten. Putzen, Waschen, Bügeln sind ihre Sache nicht. Das «bisschen Haushalt» macht sich nach Ansicht vieler Männer doch von allein. In einer Umfrage bei 440 Frauen gab nur etwa ein Drittel an, auf die Mithilfe ihrer Partner zählen zu können.

Dass dieses Ungleichgewicht nicht nur ärgerlich, sondern auch gesundheitsgefährdend ist, zeigt eine australische Untersuchung. Ehefrauen, die die Hauptlast von Haushalt und Kindererziehung tragen (und sich ganz nebenbei auch noch für das Wohlbefinden der Familienmitglieder verantwortlich fühlen), leiden häufiger unter Depressionen als Frauen, in deren Beziehung mehr Gleichberechtigung herrscht. Frauen reagieren auch mit depressiven Störungen, wenn sie feststellen, dass ihre berechtigten Ansprüche – mehr Zeit für sich selbst, mehr Unterstützung durch Mann und Kinder – unerfüllt bleiben.

Was also tun, wenn Sie nicht genügend Entlastung finden? Wie wäre es, wenn Sie einen Teil Ihrer Arbeit an eine andere Person delegieren – und sie dafür bezahlen? Eine Putzfrau, eine «Perle», das wäre etwas, was sich viele wünschen – und sicherlich auch leisten könnten. Dennoch scheuen weniger anspruchsvolle Frauen vor diesem Schritt zurück. Die Psychologin Barbara Thiessen hat vor einigen Jahren untersucht, wie sich Frauen fühlen, die andere für sich putzen, waschen und bügeln lassen. Wie sie in ihren Befragungen festgestellt hat, haben die Arbeitgeberinnen «zwiespältige Gefühle». «Zwar sind sie auf der einen Seite froh, diese Arbeiten delegieren zu können, haben auf der anderen Seite jedoch ein schlechtes Gewissen, dass nun eine andere Frau ihren Dreck wegmachen muss.» Die wenigsten Schwierigkeiten haben Frauen, in deren Elternhaus Dienstboten selbstverständlich waren. Jene Frauen aber, die aufgrund ihrer Bildung ihre Herkunftsmilieus verlassen haben, fühlen sich oft nicht wohl in ihrer Haut, wenn eine andere Frau, selbst wenn sie ganz regulär dafür bezahlt wird, sie bei der Hausarbeit entlastet. Ihr Antreiber quält sie dann mit Vorwürfen à la «Du wirst doch noch deinen Dreck selbst wegmachen können», «So viel Arbeit ist das ja gar nicht», «Du darfst doch einer fremden Person keine Einblicke in deinen Haushalt geben . . .».

Was für das Beispiel «Hausarbeit» gilt, lässt sich natürlich auch auf andere Lebensbereiche übertragen: Antreiber sind am Werk, wenn Sie am Arbeitsplatz immer alles «schultern», jeden Auftrag übernehmen und beweisen wollen, dass Sie Unmögliches möglich machen können. Wenn Sie die Worte «Kannst du mir was abnehmen?» gegenüber einer Kollegin nicht über die Lippen bringen, wenn Sie ständig zu viele Überstunden ansammeln. Und es geht in vielen Fällen auf das Konto Ihrer Antreiber, wenn Sie über jedes Stöckchen springen, das andere Menschen Ihnen hinhalten. «Fahr doch zum Bahnhof und hol uns schon mal die Fahrkarten», sagt die Freundin nett, mit der wir übers Wochenende wegfahren wollen. Und obwohl wir überhaupt keine Zeit haben, hören wir unseren Antreiber «Sei gefällig!» antworten: «Natürlich, mach ich gerne.»

Anspruchsvoller werden heißt also: die inneren Antreiber entlarven und in Frage stellen. Sagt Ihr Antreiber: «Du bist nur in Ordnung, wenn du alles perfekt machst», antworten Sie ihm: «Es ist mehr als ausreichend, was ich leiste. Ich muss mich nicht noch mehr anstrengen. Ich darf auch Fehler machen, denn aus Fehlern kann ich lernen.» Meint Ihr Antreiber: «Du bist nur in Ordnung, wenn du anderen gefällig bist!», wäre es eine wunderbare Alternative, wenn Sie entgegnen: «Ich darf auch mir gefällig sein. Auch meine Bedürfnisse sind wichtig.» Raunt Ihr Antreiber: «Lass niemanden merken, wenn du dich schwach fühlst», können Sie ihn zurechtweisen: «Ich zeige, was ich fühle, und sage, was ich will. Ich muss mich nicht andauernd zusammenreißen. Und ich werde auch nicht gleich ausgenutzt, nur weil ich Schwäche zeige.» Heißt Ihr Antreiber: «Streng dich an!» oder «Beeil dich!», dann können Sie am besten kontern, wenn Sie ganz gezielt Entspannung und Muße in Ihr Leben bringen und sich selbst die Erlaubnis geben, lockerer zu sein.

Sie haben ein Recht auf Selbstrespekt. Sie müssen nicht mehr warten, dass Ihnen jemand anderer erlaubt, Ihr eigenes Leben zu leben. In dem Maße, in dem Sie Ihre Antreiber zum Schweigen bringen, werden Sie auch an Achtung vor sich selbst gewinnen und niemals mehr andere Menschen besser behandeln als sich selbst.

III.
Du sollst dich nicht unter Wert verkaufen

Marion ist wieder alleine. Gerade mal vier Monate hat ihre Liaison mit Claus gedauert – exakt vier Tage länger als die mit Paul. «Immer gerate ich an die falschen Typen», jammert sie. «Ich hab gar keine Lust mehr, mich wieder auf jemanden einzulassen.» Aber schon nach ein paar Wochen, der Liebeskummer flaut langsam ab, begibt sie sich wieder auf die Pirsch. «Muss wohl sein», erklärt sie fast entschuldigend, «ich bin nicht gerne Single.» Wenn man Marion so sieht, in ihrem superkurzen, hautengen Disco-Outfit mit den hochhackigen Riemchenschuhen und dem zu einem Wuschelkopf gestylten Bob, ist man überzeugt: Die ist ganz sicher nicht lange allein!

Fraglich ist nur, ob sie diesmal findet, was sie sucht. Denn wer Marion gut kennt, der weiß: Sie hasst Discos, und sie hasst es, sich in Schale zu werfen. Marion liebt es unkompliziert: bequeme Klamotten, pflegeleichte Frisur, Freizeitlook eben. «Ich bin eigentlich ein sportlicher Typ», beschreibt sie sich selbst und gibt zu: «Wenn ich ausgehe, kostümiere ich mich. In Schlabberjeans und verwaschenem Sweatshirt falle ich ja niemandem auf.»

Da liegt sie sicher richtig – und falsch zugleich. Natürlich zieht sie im erotischen Minirock begehrliche Männerblicke auf sich. Und mit großer Wahrscheinlichkeit bleibt früher oder später auch mal wieder ein Paul oder ein Claus bei ihr hängen. Was Marion jedoch nicht bedenkt: Dass sie mit einem Outfit, das «eigentlich» gar nicht zu ihr passt, nur Männer anzieht, die ebenfalls nicht zu ihr passen. Der Misserfolg in der Liebe ist mit ihrer Kleiderwahl schon vorprogrammiert. Und nicht nur mit der Kleiderwahl. Denn Marion, supersexy, supererotisch, superattraktiv, benimmt sich auch nicht so, wie es die Jeans-und-Sweatshirt-Marion normalerweise tut. Auf der Suche nach dem Richtigen überwindet sie ihre sonstige Zurückhaltung und flirtet nach allen Regeln der Kunst, trinkt zu viel und redet zu hastig. Und obwohl Nichtraucherin, gehört zu ihrem Auftritt immer ein schickes, schlankes Zigarillo. Erstens kann sie so um Feuer bitten, zweitens gibt es Gesprächsstoff, und sexy soll es ja auch wirken ... Kurz: Marion auf Partnersuche ist alles andere als sie selbst. Sie spielt eine Rolle. Und das, obwohl sie ganz ernsthaft nach einem Mann fürs Leben sucht.

Kann das gut gehen? Natürlich nicht, sagen wir alle im Brustton der Überzeugung. Aber wenn wir ganz ehrlich sind – so fremd ist uns Marions Verhalten nicht. Auch wir verzichten nicht auf Täuschungsmanöver, wenn es darum geht, auf uns aufmerksam zu machen. Auch wir glauben, unser Aussehen und unser Verhalten aufpolieren zu müssen – und das nicht nur, wenn wir auf Partnersuche sind. Ob am Arbeitsplatz, im Bekanntenkreis oder selbst bei engen Freunden – wir spielen häufig eine Rolle. Einfach so, wie wir wirklich sind, wollen wir uns der Öffentlichkeit nicht präsentieren. Die anderen sollen möglichst nur unsere Schokoladenseite kennen, wie es innen drin aussieht, geht schließlich niemanden etwas an. Ironie der Geschichte: Irgendwann beklagen wir uns darüber, dass die anderen Menschen uns nicht kennen oder der Partner uns nicht so liebt, wie wir wirklich sind.

Was wir dabei übersehen: Wir sind selbst schuld daran, wenn andere ein falsches Bild von uns haben. Wir präsentieren in der Öffentlichkeit nicht uns selbst, sondern eine möglichst perfekte, ideale Person, von der wir glauben, dass sie bei anderen gut ankommt: witzig, spritzig, gestylt nach der neuesten Mode, kurz: immer gut drauf. Probleme? Die lassen wir lieber zu Hause. Sorgen? Damit wollen wir die anderen nicht belasten. Sie sollen sich schließlich in unserer Gegenwart wohl fühlen. Unsere Gedanken? Müssen doch nicht alle wissen.

Wir sind in vielen Situationen nicht wir selbst, sondern eine «Mogelpackung». Wir spielen das «Als-ob-Spiel». Wir tun so, als ob wir uns amüsieren. Wir heucheln Interesse, wo wir gar keines haben. Wir hören Menschen zu, deren Ansichten wir nicht wissen wollen. Wir sind freundlich zu Leuten, die uns eigentlich gleichgültig sind.

Langfristig werden wir mit dieser Masche Schiffbruch erleiden. Denn die anderen reagieren auf Signale, die mit uns wenig oder gar nichts zu tun haben. Wir locken sie auf eine falsche Fährte, indem wir ihnen einen «Marktwert» vorgaukeln, den wir gar nicht haben.

Marktwert? Was heißt hier Marktwert, werden Sie jetzt wahrscheinlich empört fragen. Ich bin doch keine Ware! Ach nein, warum verpacken Sie sich dann so gewissenhaft, wenn Sie unter Leute gehen? Warum geben Sie sich in der Öffentlichkeit oft nicht so, wie Sie wirklich sind? Weil Sie bei anderen gut ankommen, eine gute Figur machen wollen. Sie wissen: Je nach Qualität des Angebotes, je nach dem Wert, den Sie zu Markte tragen, fällt auch die Resonanz aus. Das Tragische daran ist: Viele Frauen sind zu anspruchslos. Sie unterschätzen ihren *tatsächlichen* Marktwert und glauben, ihn durch mehr oder weniger geeignete Maßnahmen erhöhen zu müssen. Weil sie fürchten, im Vergleich zu anderen Menschen nicht gut genug zu sein, gaukeln sie einen falschen Marktwert vor. Sie wollen einen möglichst guten Eindruck machen, ob dieser Eindruck wahr ist, ob er ein ehrliches Bild ihrer Persönlichkeit zeichnet, erscheint ihnen zweitrangig. Eine Fehleinschätzung mit fatalen Langzeitfolgen. Denn der Eindruck, den wir bei anderen hinterlassen, entscheidet darüber, wer sich für uns interessiert. Mit anderen Worten: Wer einen falschen Eindruck vermittelt, gerät auch immer wieder an die falschen Partner. Oder an falsche Freunde. Oder an falsche Ratgeber.

Welchen Marktwert hat wohl Marion in den Augen der Männer, denen sie sich präsentiert? «Sexy Braut», mögen sie denken, wenn sie in ihrem engen kurzen Rock auf die Tanzfläche stolziert und lasziv ihre Locken schüttelt. Und sie werden ihr bieten, was auch sie – scheinbar – bietet: Sex. Dass ihr eigentlicher «Marktwert» ein ganz anderer ist, dass sie ihre Freizeit viel lieber beim Volleyball verbringt und für Spätfilme im Kino schwärmt, woher soll das der sportlich-intellektuelle Typ mit der Nickelbrille wissen, der schüchtern an der Bar steht und das Treiben auf der Tanzfläche von ferne betrachtet? Das, was Marion anbietet, will er nicht. Was sie wirklich anzubieten hat, sieht er nicht. Umgekehrt erkennt Marion nicht, dass sie mit ihren Interessen bei ihm viel besser aufgehoben wäre als bei dem Draufgänger, der ihr heiße Blicke zuwirft.

Wie Marions Beispiel zeigt: Wenn wir uns eine besondere Strategie ausdenken, um unseren Marktwert zu erhöhen, so kann dies unter Umständen ein ziemlicher Flop werden. Wir locken damit meist die Falschen an.

Dummerweise sind wir uns der fatalen Wirkung unserer Selbstverbesserungsmaßnahmen nicht bewusst. Wir glauben, unseren Marktwert zu erhöhen, wenn wir die Rolle der erotischen, witzigen, unproblematischen Frau geben. Die anderen, davon sind wir überzeugt, wollen geblendet werden.

Wie wir zu diesem Glauben kommen? Die Antwort ist so einfach wie deprimierend: Wir halten uns für uninteressant, langweilig, unattraktiv. Wir vertrauen nicht auf unsere Intelligenz, unsere Erfahrung und unseren Charme. Wir sind überzeugt: Was ich «eigentlich» zu bieten habe, ist nicht attraktiv genug. Für so eine, wie ich es bin, interessiert sich keiner.

Niedrige Selbstachtung ist das Hauptmerkmal anspruchsloser Frauen. Sie ist ihre größte Feindin, weil sie dafür sorgt, dass sie von sich selbst nicht viel halten und sich deshalb in Gegenwart anderer verstellen. Auch Männer haben Selbstzweifel, nicht jeder hält sich für unwiderstehlich. Dennoch ist mangelnde Selbstachtung bei Frauen häufiger anzutreffen als bei Männern. Niedrige Selbstachtung ist eine Frauenkrankheit, wie Sie wohl selbst bestätigen können. Oder kennen Sie einen Mann, der über seine zu große Nase, seine zu kurzen Beine, seinen zu dicken Bauch, seine schlechten Fremdsprachenkenntnisse, seine Unzulänglichkeit (in was immer) so ausgiebig lamentieren kann wie wir Frauen?

Weil «Frau Anspruchslos» davon überzeugt ist, dass andere Menschen viel schöner und perfekter sind, spielt sie Verstecken. Sie tarnt ihr wahres Aussehen und ihr wahres Selbst. Sie wird zur Schauspielerin, die eine Rolle spielt, von der sie glaubt, dass das Publikum sie sehen will. Das funktioniert vielleicht eine Weile, wenn die Rolle möglichst nah an der Wahrheit ist. Es geht garantiert schief, wenn Rolle und Realität kaum etwas miteinander zu tun haben. Denn wenn sie sich nach einiger Zeit aus ihrem Versteck herauswagt, fühlt sich das Gegenüber – zu Recht – gelinkt. Wenn sich eine «naive Blondine» plötzlich als erfolgreiche Karrierefrau entpuppt, wenn die witzige, aufgedrehte Person zur nachdenklichen Philosophin mutiert, wenn die Unbekümmerte auf einmal depressive Anwandlungen zeigt, dann reagiert das soziale Umfeld irritiert. Ist das die Frau, die sie kennen?

Wenn Sie auf der Suche nach einer Person sind, die möglichst lange mit Ihnen Tisch und Bett teilen soll oder eine ernsthafte Freundschaft mit Ihnen möchte, dann müssen Sie schleunigst das Chamäleon-Spiel beenden. Verzichten Sie auf Ihr Rollenspiel. Geben Sie Ihre Masken auf den Sperrmüll. Auf Menschen, die nur auf Ihre Fassade anspringen, können Sie verzichten.

Nur wenn Sie zeigen, wer Sie wirklich sind, finden Sie Kontakt zu Menschen, die zu Ihnen passen. Deshalb:

- Wenn Ihr Gegenüber nur einfältige Sprüche von sich gibt – widerstehen Sie der Versuchung, sich dümmer zu stellen, als Sie sind.
- Wenn Sie merken, dass der Typ, mit dem Sie schon den ganzen Abend zubringen, nervtötend langsam ist – versuchen Sie bloß nicht, die Geduldige zu mimen und Ihre Ungeduld zu verbergen.
- Wenn Ihr Bekannter den ganzen Abend Lobreden auf Exkanzler Helmut Kohl hält und sich als strenger Katholik outet, Sie aber zu Kohl eine ganz andere Meinung haben und seit Ihrem 18. Lebensjahr nicht mehr Mitglied der Kirche sind, halten Sie mit Ihrer Meinung nicht aus lauter Höflichkeit hinterm Berg.
- Wenn er den ganzen Abend über Fußball und die Qualitäten von Lothar Matthäus redet, Sie aber nur wissen, dass der Ball rund ist und Lothar sich von Lola hat scheiden lassen, stellen Sie um Himmels willen keine pseudointeressierten Fragen à la «Erklär mir doch mal die Abseitsfalle». Das wäre ein typischer Fall von Marktwert-

Verfälschung! Ob dieser Typ für Sie einen wirklichen Wert hat, wissen Sie erst, wenn Sie ihm ehrlich sagen: «Fußball interessiert mich nicht die Bohne! Aber von Schach verstehe ich was!»

Zeigen Sie offen und ehrlich, wie sie sind. So geben Sie anderen und sich eine reelle Chance, die «Passform» zu prüfen. Gaukeln Sie auf keinen Fall Übereinstimmung vor – das rächt sich. Vertreten Sie stattdessen klipp und klar Ihre Meinung. Nur so können Sie feststellen, ob der andere gut genug für Sie ist.

Wenn Sie mehr Ehrlichkeit in Ihre Beziehungen zu anderen Menschen bringen wollen, müssen Sie
1. Ansprüche an andere stellen,
2. sich selbst richtig einschätzen.

Ansprüche an andere stellen

Anspruchsvolle Frauen wählen die Menschen, mit denen sie wirklich etwas zu tun haben wollen, sorgfältig aus. Sie fragen nicht als Erstes: «Wie komme ich an? Werde ich gemocht?», sondern viel wichtiger ist für sie die Frage: «Wie kommt der andere bei *mir* an? Entspricht er oder sie *meinen* Vorstellungen?» Um diese Fragen beantworten zu können, müssen Sie herausfinden, was Sie genau von anderen erwarten: Wie wollen Sie behandelt werden? Und wie wollen Sie auf keinen Fall behandelt werden – von Ihrem Partner (oder einem potentiellen Partner), von Ihren Freundinnen oder Freunden oder solchen, die es werden könnten? Sie können sich Ihre familiären Beziehungen nicht aussuchen, aber Sie können sich aussuchen, mit wem Sie leben und mit wem Sie befreundet sein wollen.

Ehe Sie sich näher auf jemanden einlassen, prüfen Sie:

- Behandelt mich diese Person respektvoll und fürsorglich?
- Ist sie unterstützend und verständnisvoll, wenn ich Probleme habe?
- Akzeptiert sie mein Handeln?
- Halten sich in dieser Beziehung Geben und Nehmen die Waage?
- Kann ich mich auf diese Person immer verlassen?
- Kann ich ihr Geheimnisse anvertrauen?
- Fühle ich mich in Gegenwart dieses Menschen wohl und entspannt?
- Ist diese Person eine Bereicherung für mein Leben?

Oder:

- Interessiert sich dieser Mensch nur für sich selbst?
- Erlebe ich diese Person als zu kritisch, zu negativ?
- Ist sie jähzornig, unberechenbar in ihren Gefühlen?
- Reagiert sie eifersüchtig auf meine Talente, Beziehungen, Erfolge?
- Hat sie überzogene Erwartungen an mich?
- Werde ich von dieser Person kontrolliert und manipuliert?
- Fühle ich mich in Gegenwart dieses Menschen gestresst?

Wenn Sie eine Person anhand dieser «Checkliste» auf Herz und Nieren prüfen, werden Sie schnell erkennen, ob sie Ihnen gut tut oder ob Sie in der Beziehung eher draufzahlen.

Partnerschaften und Freundschaften sind aber keine Einbahnstraße. Deshalb müssen Sie nicht nur wissen, was der andere zu «bieten» hat, Sie müssen auch Ihren «Marktwert» kennen und richtig einschätzen.

Sich selbst richtig einschätzen

Erst wenn Sie wissen, wer Sie sind, wissen Sie auch, wonach Sie suchen müssen. Wenn Sie ehrlich zeigen, was Sie zu bieten haben, werden Sie auch bekommen, was und wen Sie wollen. Wenn Sie über sich selbst noch unsicher sind, beantworten Sie sich, so ehrlich es geht, folgende Fragen. Vermeiden Sie dabei jegliche Wertung.

- Was ist an mir besonders? Worauf kann ich stolz sein?
- Was sind meine herausragendsten Eigenschaften? Was schätze ich an mir?
- Welche Interessen habe ich? Was begeistert mich, was langweilt mich? Wäre es schön, wenn mein Partner, meine Freunde diese Interessen mit mir teilen könnten?
- Woher stamme ich? Was habe ich von meinen Eltern mitbekommen? Welchen sozialen Hintergrund habe ich? Auf welchem «Parkett» fühle ich mich wohl, auf welchem unwohl?
- Wie sehen meine politischen, religiösen Grundüberzeugungen aus?

Haben Sie sich mit Hilfe dieser Fragen möglichst neutral beschrieben, dann haben Sie sich damit ein grobes Suchraster erarbeitet. Lernen Sie jemanden kennen und er passt einigermaßen in dieses Raster, dann sind Sie nicht völlig auf dem Holzweg.

Solange wir nicht zu uns selbst stehen, so lange bleiben wir, was unsere Kontakte angeht, anspruchslos. Erst wenn wir den Mut finden, uns auf dem «Markt» so zu präsentieren, wie wir wirklich sind, wenn wir wahrhaftig und selbstbewusst auftreten, dann werden wir die Aufmerksamkeit bekommen, die einer anspruchsvollen Frau gemäß ist. Nur anspruchs*lose* Frauen wollen bei anderen gut ankommen, ohne zu prüfen, ob ihnen an diesen anderen überhaupt etwas liegt. Nur sie verschwenden ihre Zeit, ihre Energie und ihre Gedanken an Menschen, die dies gar nicht zu würdigen wissen.

Was, wenn Sie nun feststellen, dass es in Ihrem Leben Personen gibt, die wahre «Menschenfresser» sind? Die meist nur nehmen und wenig geben? Die Sie eigentlich gar nicht mehr in Ihrem Leben haben wollen? Offen gesprochen: Wie werden Sie Menschen los, an denen Ihnen nichts mehr liegt? Darauf gibt es nur eine Antwort: Konsequenz und Ehrlichkeit. Wenn Sie nicht gleich mit der Tür ins Haus fallen wollen, praktizieren Sie die Politik der kleinen Schritte:

- Sagen Sie bei der nächsten Einladung «Nein, an diesem Tag geht es leider nicht» und sprechen Sie selbst keine

Einladung mehr aus. Rufen Sie nicht von sich aus an, nur weil Sie «an der Reihe» wären. Rufen Sie nicht zurück, wenn der- oder diejenige auf Ihren Anrufbeantworter gesprochen hat.
- Nach einer gewissen Zeit können Sie es dem anderen dann offen sagen, dass Sie im Moment keine Zeit und keine Energie für einen engeren Kontakt aufbringen können.
- Wenn es sich um Familienmitglieder handelt oder um Menschen, zu denen Sie die Brücken nicht ganz abreißen wollen oder können, machen Sie dem anderen ein Kompromissangebot. Zum Beispiel: Wir können uns alle drei Monate zum Essen treffen/ins Kino gehen/zum Tennisspielen verabreden. Wichtig: «Ich komme auf dich zu!» Oder vereinbaren Sie mit Ihrer alten Mutter, dass Sie – außer in wirklichen Notfällen – nicht abends nach neun Uhr und auch nicht im Büro angerufen werden wollen. Bieten Sie ihr stattdessen feste Telefontermine, etwa Samstagnachmittag, an denen Sie alles Wichtige miteinander besprechen. Auf diese Weise machen Sie Ihren Anspruch deutlich, dass Sie nicht 24 Stunden rund um die Uhr verfügbar sind, dass es Grenzen in Ihrem Leben gibt, die von anderen respektiert werden müssen.
- Vermeiden Sie es, Begründungen und Entschuldigungen für Ihr Verhalten abzugeben. Sie haben ein Recht, sich zu entziehen, Kontakte einschlafen zu lassen oder diese auf ein für Sie erträgliches Maß zu reduzieren. Am Anfang wird es Ihnen schwer fallen, anderen etwas abzuschlagen, ohne zu begründen, warum Sie dieses tun oder jenes las-

sen. Doch wenn Sie mal genauer darüber nachdenken, werden Sie erkennen, dass unsere Motive andere Menschen nur selten etwas angehen. Hilfreich für den Anfang kann für Sie sein, was die Psychologin Ellen Langer herausgefunden hat: Menschen sind gar nicht so sehr an Erklärungen und Rechtfertigungen interessiert, sie geben sich sogar mit Scheinerklärungen zufrieden: «Würden Sie mich vorlassen, ich muss kopieren», fragten in einem Experiment Studenten ihre Kommilitonen – und wurden vorgelassen. «Würden Sie mich bitte vorlassen? Ich möchte diese Sachen bezahlen!», wurden in einem anderen Versuch Kunden im Supermarkt gefragt, die an der Kasse Schlange standen. Auch sie erreichten problemlos ihr Ziel. Ellen Langer stellte fest: Die Menschen reagieren mehr auf die Form als auf den Inhalt. Wird höflich gefragt, dann spielt es kaum eine Rolle, ob die Begründung, mit der die Bitte vorgetragen wird, einen Sinn ergibt. Was folgt daraus? Wenn Sie höflich und bestimmt «nein» sagen, wenn Sie die Spielregeln des sozialen Umgangs einhalten, dann wird Ihr Wille akzeptiert. Und zwar auch dann, wenn Sie Ihr Gegenüber im Unklaren über Ihre Motive lassen.

Wann immer Sie in Versuchung geraten, zu begründen, warum Sie «nein» sagen oder etwas ablehnen, machen Sie sich immer wieder klar: Wenn mich dieser Mensch deshalb nicht mehr mögen sollte, verliere ich nichts, sondern ich gewinne: Zeit für mich und die Menschen, an denen mir wirklich etwas liegt.

Viele Frauen stellen bei kritischer Überprüfung ihres Freundes- und Bekanntenkreises fest, dass sie seltsamerweise immer an Leute geraten, die nicht zuhören können, die sie als seelischen Mülleimer benutzen, die so viele Probleme in ihrem Leben haben, dass sie aus dem Klagen nicht mehr herauskommen, die niemals fragen: «Und wie geht es dir?» Nicht selten ziehen sie daraus den resignierten Schluss: «Ich gerate immer an die Falschen. Andere Menschen lerne ich überhaupt nicht kennen. Ich muss mich mit dem begnügen, was ich bekomme, sonst stehe ich ja ganz alleine da.»

Es kann durchaus sein, dass Sie nach einer «Inventur» Ihrer Beziehungen feststellen: «Eigentlich lege ich auf keine dieser Personen gesteigerten Wert.» Auch wenn Sie Angst vor Einsamkeit haben, sollten Sie sich von konsequentem Handeln nicht abbringen lassen. Eine anspruchsvolle Frau muss aushalten können, dass sie möglicherweise eine Zeit lang beziehungslos ist, wenn sie erkennt, dass sie bislang in ihren Kontakten zu anspruchslos war. Sie weiß: Sie hat die enorme Chance, das entstandene Vakuum mit qualitativ wertvolleren Beziehungen zu füllen.

Sie fürchten, das gelingt Ihnen nicht? Sie denken, dass Sie automatisch, und ohne es zu wollen, doch immer wieder an die falschen «Typen» geraten? Das passiert nur, wenn Sie Ihre Bekanntschaften dem Zufall überlassen.

Gute, anspruchsvolle Beziehungen entstehen durch regelmäßigen Kontakt und eine gemeinsame Aufgabe. Dies ist auch der Grund, warum man Gleichgesinnte am leichtesten in der Schul-, Studien- und Ausbildungszeit oder am

Arbeitsplatz findet. Wenn Sie neue, andere Freunde finden wollen, sollten Sie darüber nachdenken, wo Sie Menschen treffen können, die sich in einer ähnlichen Lebensphase befinden wie Sie. Am nächstliegenden ist es, sich dazu in der allernächsten Umgebung umzusehen: Welche Aktivitäten gibt es in der Nachbarschaft? Welchen Gruppen, Vereinen könnten Sie sich anschließen? Existieren Initiativen am Arbeitsplatz, die um ein weiteres Mitglied froh wären? Welche Angebote der örtlichen Volkshochschule sind interessant? Jede Situation, die regelmäßigen Kontakt und einigermaßen übereinstimmende Interessen gewährleistet, erhöht die Chance, langfristige stabile Freundschaften aufzubauen. Wenn ein äußerer Grund (Nachbarschaftshilfe, regelmäßige Vereinstreffen, gemeinsamer Sport) sicherstellt, dass man die anderen nicht aus den Augen verliert, kann man geduldig prüfen: Zu wem passe ich? Wer ist mir sympathisch? Mit wem möchte ich wirklich näheren Kontakt haben?

Allerdings funktioniert das nur, wenn Sie sich für die Sache, für die Sie sich engagieren, wirklich interessieren. Ist dies nicht der Fall, werden Sie schnell die Geduld verlieren und sich wieder frustriert zurückziehen. Da es, wie Freundschaftsforscher errechnet haben, zwischen sechs Monaten und einem Jahr dauern kann, bis sich engere Beziehungen aus gemeinsamen Aktivitäten entwickeln, sollten Sie vor der Frage «Wie finde ich Freunde?» also zuerst klären: «Wofür interessiere ich mich wirklich?» Nur wenn die Mitarbeit in der Gewerkschaftsgruppe, die regelmäßigen Treffen der Nachbarschaftshilfe, die Seminare an der Volkshochschule, der Sprachkurs nicht ausschließlich Mittel zum Zweck sind, bleiben Sie lange genug dabei, um tragfähige Kontakte aufzubauen.

Sie können übrigens etwas tun, um zu vermeiden, dass Sie auch in der neuen Freundschaft immer nur die Gebende sind: Erzählen Sie dem anderen von sich, muten Sie ihm ruhig Ihre Probleme zu. Wenn Sie sich immer vornehm zurückhalten, denken «Das interessiert doch niemanden» oder den anderen nicht mit Ihren Wünschen und Sorgen stören wollen, brauchen Sie sich nicht zu wundern, wenn dieser irgendwann nur noch von sich selbst erzählt und Sie wieder nur in der Zuhörerrolle sind. Wenn Sie aber – anspruchsvoll, wie Sie sind – Ihre Interessen pflegen, mit anderen «gemeinsame Sache» machen, Beziehungen auf Gegenseitigkeit aufbauen, dann wird es Ihnen nicht mehr passieren, dass Sie sich eine Maske aufsetzen und unter Wert verkaufen.

IV.
Du sollst keine Diät mehr machen

Der amerikanische Arzt John Farquhar meinte einmal: «Als Mediziner muss ich immer wieder darüber staunen, wie Menschen – Frauen im Besonderen – ihren eigenen Körper missbrauchen. Sie tun dies freiwillig und ohne groß darüber nachzudenken. Sie kümmern sich mehr um die Bedürfnisse ihres Autos oder ihrer Haushaltsmaschinen, als dass sie Verantwortung für ihren Körper übernehmen würden.»

Aus der Art und Weise, wie Frauen über ihren Körper denken und was sie ihm zumuten, lässt sich leicht ablesen, wie es um ihre Anspruchshaltung bestellt ist. Umfragen und Studien zeichnen ein eher düsteres Bild. Danach sind die meisten Frauen, was ihr Äußeres und ihren Körper angeht, wenig anspruchsvoll. Stimmt nicht, meinen Sie? Sie jedenfalls achten ständig auf Ihr Gewicht und strampeln sich regelmäßig im Fitnessstudio ab? Sie versagen sich Eis, Schokolade und andere süße Sünden? Zählen Kalorien und stellen sich jeden Morgen schonungslos der Waage? Sie ärgern sich, wenn Sie zugenommen haben, und fühlen sich nur in einem wirklich schlanken Körper wohl? Ganz zu schweigen von den Unsummen, die Sie für Kosmetika, Anti-Cellulite-Produkte und Sonnenbank ausgeben?

Das nennen Sie anspruchsvoll? Wenn Sie sich und Ihren Körper einem strengen Regiment unterwerfen, wenn Ihre Gedanken häufig um Ihr Gewicht oder Ihre körperlichen «Mängel» kreisen, dann sind Sie nicht sonderlich anspruchsvoll. Eine Frau mit Ansprüchen würde niemals so respektlos mit ihrem Körper umspringen. Doch leider ist das Anspruchsniveau der meisten Frauen bei diesem Thema äußerst niedrig, wie folgende Zahlen belegen:

In den letzten drei Jahrzehnten hat die Zahl der Menschen, die mit ihrem Körper unzufrieden sind, kontinuierlich zugenommen. Waren im Jahr 1972 nur 25 Prozent der befragten Frauen mit ihrer Gesamterscheinung unzufrieden, stieg die Zahl im Jahr 1985 auf 38 Prozent und 1997 auf 56 Prozent. In einer anderen Studie wurde nachgefragt, was genau den Unzufriedenen nicht an ihrem Körper gefällt. Absoluter Spitzenreiter der Klagen: das Gewicht. Von über 3000 befragten Frauen sagten 66 Prozent: «Ich fühle mich unwohl, wenn ich zugenommen habe.» So wundert es nicht, dass die meisten Frauen ihren Bauch am liebsten überhaupt nicht sehen möchten. Der am zweithäufigsten genannte Grund für die Körperunzufriedenheit ist Bewegungsmangel: Nicht regelmäßig Sport zu treiben, das verursacht den meisten Frauen ein permanent schlechtes Gewissen.

Übereinstimmend zeigen alle diese Studien: Frauen sind, was ihren Körper angeht, eindeutig das unzufriedenere Geschlecht. Zwar gibt es Anzeichen dafür, dass die Männer langsam aufholen – auch sie geraten offensichtlich immer mehr in den Sog des geltenden Schönheitsideals –, doch nach wie vor sind Frauen sehr viel häufiger betroffen. So stieg die Zahl der Frauen mit negativem Körperbild seit Kriegsende kontinuierlich an; eine ähnlich deutliche Entwicklung ist bei Männern nicht zu beobachten.

Haben Frauen mehr Grund zur Unzufriedenheit? Sind Frauenkörper in den letzten Jahrzehnten tatsächlich immer dicker und hässlicher geworden? Wohl kaum. Alle Wissenschaftler sind sich darin einig, dass Frauen eine verzerrte Selbstwahrnehmung besitzen. Unser Blick in den Spiegel ist immer kritischer geworden. Die meisten von uns glauben, niemals schlank genug sein zu können. Wir vergleichen uns, ob wir es merken oder nicht, mit den dünnen Figuren der Models und Schauspielerinnen – und schneiden bei diesem Vergleich zwangsläufig schlecht ab. Denn in der Werbe- und Modebranche sind schlanke Modells inzwischen schon «dick». Dürr, ja magersüchtig heißt das Schönheitsdiktat inzwischen. Eigentlich sollten wir dankbar dafür sein, dass wir mit dieser Verrücktheit nicht mithalten können. Doch anspruchslos, wie viele von uns sind, beglückwünschen wir uns nicht für unseren gesunden, schön geformten, weiblichen Körper, sondern wir sind unglücklich, weil wir gerne dünner wären.

Es ist allerdings zu einfach, allein die Medien für die Körperunzufriedenheit der Frauen verantwortlich zu machen. Denn nicht alle Frauen unterwerfen sich dem Schönheitsdiktat, es gibt einige, die mit sich und ihrem Aussehen zufrieden sind, auch wenn es nicht «ideal» ist. Der bedeutsame Unterschied zwischen diesen zufriedenen und den unzufriedenen Frauen: Mit ihrem Körper zufriedene Frauen besitzen ein stabiles Selbstwertgefühl – sie glauben an sich selbst. Eine Frau, die weiß, was sie kann, die sich selbst mit Respekt behandelt, glaubt nicht, dass ihr Aussehen ihren Wert bestimmt. Selbstsichere Frauen wissen, dass es nicht von ihrer körperlichen Erscheinung, von ein paar Pfunden mehr oder weniger abhängt, ob sie zufrieden und glücklich sind.

Anspruchsvoller werden heißt also: ein positives Körperbild entwickeln. Das ist nicht von heute auf morgen zu bewerkstelligen, sondern erfordert Geduld und Ausdauer. Denn Sie müssen sich nicht nur von den geltenden Schönheitsvorschriften distanzieren, sondern auch Ihre Ziele verändern: Statt Schlankheit sollten Sie Gesundheit und Wohlbefinden anstreben.

Damit das gelingt, müssen Sie zunächst feststellen, wie Ihr Verhältnis zum eigenen Körper aussieht. Vielleicht geht es auch Ihnen so wie den meisten Frauen: Sie wissen gar nicht, dass Sie ein völlig verzerrtes negatives Körperbild haben. Deshalb ist es notwendig, herauszufinden: Was sehe ich, wenn ich in den Spiegel blicke? Wie negativ oder positiv fällt mein Urteil aus? Was ist mir wichtiger: Schlankheit oder Gesundheit? Der folgende, ausführliche Body-Image-Test kann helfen, diese Fragen zu beantworten:

Ich und mein Körper

Wie stark treffen folgende Aussagen auf Sie zu? Wenn Sie ganz klar zustimmen können, werten Sie die Aussage mit 5 Punkten. 4 Punkte bedeuten: «Ich stimme weitgehend zu»,

3 Punkte: «Ich bin unentschieden», 2 Punkte: «Trifft kaum zu», 1 Punkt: «Trifft überhaupt nicht zu».

1. Mein Körper besitzt eine sexuelle Anziehungskraft.
    5   4   3   2   1
2. Ich finde mich in Ordnung, wie ich bin.
    5   4   3   2   1
3. Die meisten Menschen finden, dass ich gut aussehe.
    5   4   3   2   1
4. Ich betrachte mich gerne nackt.
    5   4   3   2   1
5. Ich finde, meine Kleidung steht mir gut.
    5   4   3   2   1
6. Ich bin nicht einverstanden mit meinem Aussehen.
    5   4   3   2   1
7. Ich halte mich für unattraktiv.
    5   4   3   2   1
8. Ehe ich mich an die Öffentlichkeit wage, kontrolliere ich mein Aussehen.
    5   4   3   2   1
9. Ich achte darauf, Kleidung zu kaufen, die mir wirklich steht.
    5   4   3   2   1
10. Sobald irgendwo ein Spiegel auftaucht, kontrolliere ich mein Aussehen.
    5   4   3   2   1
11. Wenn ich ausgehe, brauche ich immer sehr lange, bis ich fertig bin.

    5   4   3   2   1

12. Es ist wichtig, dass ich immer gut aussehe.

    5   4   3   2   1

13. Wenn ich mich in meinem Körper nicht wohl fühle, bin ich mir dessen ständig bewusst.

    5   4   3   2   1

14. Meinem Haar widme ich besondere Pflege.

    5   4   3   2   1

15. Ich versuche ständig, mein Äußeres zu verbessern.

    5   4   3   2   1

16. Ich achte nicht sehr auf meine Kleidung, sondern trage, was bequem ist.

    5   4   3   2   1

17. Ich mache mir keine Gedanken darüber, ob andere mich attraktiv finden.

    5   4   3   2   1

18. Ich denke nie über mein Aussehen nach.

    5   4   3   2   1

19. Ich benutze wenig Pflegeprodukte.

    5   4   3   2   1

20. Ich bin körperlich geschickt.

    5   4   3   2   1

21. Meine Bewegungen sind kontrolliert.

    5   4   3   2   1

22. Ich achte sehr auf meine Gesundheit.

    5   4   3   2   1

23. Ich bin selten körperlich krank.

    5   4   3   2   1

24. Ich fühle mich nicht jeden Tag gleich: Mal bin ich mit mir einverstanden, mal nicht.

    5   4   3   2   1

25. Ich bin körperlich gesund.

    5   4   3   2   1

26. Die meisten körperlichen Tests würde ich spielend bestehen.

    5   4   3   2   1

27. Meine körperliche Ausdauer ist gut.

    5   4   3   2   1

28. Gesundheitlich geht es bei mir auf und ab.

    5   4   3   2   1

29. Bei sportlichen Aktionen mache ich eher eine schlechte Figur.

    5   4   3   2   1

30. Ich bin anfällig für Krankheiten.

    5   4   3   2   1

31. Ich weiß sehr genau, was meine Gesundheit bedroht.

    5   4   3   2   1

32. Ich habe freiwillig einen gesunden Lebensstil entwickelt.

    5   4   3   2   1

33. Gesundheit ist eines der wichtigsten Dinge im Leben.

    5   4   3   2   1

34. Ich vermeide nach Möglichkeit gesundheitsschädliches Verhalten.

    5   4   3   2   1

35. Ich bemühe mich, meine Kraft zu verbessern.

    5   4   3   2   1

36. Ich lese oft Gesundheitsmagazine, um Tipps für meine Gesundheit zu erhalten.
    5   4   3   2   1
37. Ich arbeite daran, meine körperliche Ausdauer zu verbessern.
    5   4   3   2   1
38. Ich bemühe mich, körperlich aktiv zu bleiben.
    5   4   3   2   1
39. Ich weiß viel über körperliche Fitness.
    5   4   3   2   1
40. Körperliche Fitness gehört nicht zu meinen wichtigsten Lebenszielen.
    5   4   3   2   1
41. Ich treibe nicht regelmäßig Sport.
    5   4   3   2   1
42. Ich mache mir keine Sorgen um meine Gesundheit.
    5   4   3   2   1
43. Ich achte nicht besonders auf ausgewogene Ernährung.
    5   4   3   2   1
44. Mir liegt nichts daran, meine körperliche Bewegungsfähigkeit zu verbessern.
    5   4   3   2   1

Auswertung:
Dieser Test besteht aus vier Teilen, die Sie getrennt auswerten:

A: Bewertung des Äußeren

Schritt 1:	Addieren Sie die Punkte der Fragen 1 bis 5	....	
Schritt 2:	Addieren Sie die Punkte der Fragen 6 bis 7.	....	
Schritt 3:	Ziehen Sie die Summe aus Schritt 2 von der Summe aus Schritt 1 ab	....	
Schritt 4:	Zählen Sie nun 12 Punkte hinzu.	....	+ 12
Schritt 5:	Notieren Sie die so erreichte Punktzahl.	....	

B: Einstellung zur äußeren Erscheinung

Schritt 1:	Addieren Sie die Punkte der Fragen 8 bis 15.	....	
Schritt 2:	Addieren Sie die Punkte der Fragen 16 bis 19.	....	
Schritt 3:	Ziehen Sie die Summe aus Schritt 2 von der Summe aus Schritt 1 ab.	....	
Schritt 4:	Zählen Sie 24 Punkte zur Summe aus Schritt 3 hinzu.	....	+ 24
Schritt 5:	Notieren Sie die so erreichte Punktzahl. Sie sollte zwischen 12 und 60 Punkten liegen.	....	

C: Bewertung von Gesundheit und Fitness

Schritt 1:	Addieren Sie die Punkte der Fragen 20 bis 27.	....

Schritt 2: Addieren Sie die Punkte der Fragen
28 bis 30. ....

Schritt 3: Ziehen Sie die Summe aus Schritt 2
von der Summe aus Schritt 1 ab. ....

Schritt 4: Zählen Sie 18 Punkte zur Summe aus
Schritt 3 hinzu. .... + 18

Schritt 5: Notieren Sie die so erreichte Punktzahl.
Sie sollte zwischen 11 und 55 Punkten
liegen. ....

D: Einstellung zu Gesundheit und Fitness

Schritt 1: Addieren Sie die Punkte der Fragen
31 bis 39. ....

Schritt 2: Addieren Sie die Punkte der Fragen
40 bis 44. ....

Schritt 3: Ziehen Sie die Summe aus Schritt 2
von der Summe aus Schritt 1 ab. ....

Schritt 4: Zählen Sie 30 Punkte zur Summe aus
Schritt 3 hinzu. .... + 30

Schritt 5: Notieren Sie die so erreichte Punktzahl.
Sie sollte zwischen 14 und 70 Punkten
liegen. ....

Interpretation: **Was Ihre Punktzahl bedeutet**

A: Wie sehen Sie sich selbst? Ist Ihre Punktzahl niedrig (18–23) oder sehr niedrig (7–17)? Dann haben Sie ein negatives Bild von Ihrem Körper. Sie halten sich selbst für ein Mauerblümchen und glauben, dass andere Sie ebenfalls so sehen. Liegt Ihre Punktzahl zwischen 26 und 35 Punkten, dann sind Sie mit Ihrem Bild, das Sie im Spiegel sehen, weitgehend einverstanden oder sogar sehr einverstanden.

B: Wie wichtig ist Ihnen das Äußere? Liegt Ihre Punktzahl in diesem Bereich sehr hoch (54–60) oder hoch (49–53), dann ist Ihnen das Aussehen wichtiger als alles andere. Wahrscheinlich verwenden Sie viel Zeit und Geld auf die Verschönerung Ihres Körpers. Sie definieren sich über Ihr Aussehen. Eine mittlere (41–48) oder sehr niedrige (12–40) Punktzahl kann zweierlei bedeuten: Entweder Sie haben jede Verschönerungsmaßnahme aufgegeben, weil Sie glauben, dass bei Ihnen sowieso nichts wirkt. Oder es ist Ihnen gelungen, sich dem gesellschaftlichen Zwang zur Schönheit wenigstens teilweise zu entziehen. In diesem Fall: Gratulation!

C: Wie steht es mit Ihrer Gesundheit und Fitness? Wenn Sie hier einen hohen oder mittelhohen Wert erzielt haben (43–55), dann sind Sie wahrscheinlich mit Ihrem Körper im Reinen. Sie haben erkannt, dass Gesundheit und Wohlbefinden eine wesentliche Quelle für Zufriedenheit sind. Ihnen ist es wichtiger, sich gut zu fühlen, als gut auszusehen. Eine Punktzahl zwischen 11 und 42 deutet darauf hin, dass Sie Gesundheit und Fitness Ihres Körpers vernachlässigen. Hier liegt ein Ansatzpunkt für ein besseres Körperbild.

D: Wie viel sind Ihnen Gesundheit und Fitness wert? Ein relativ hoher Wert (53–70) in diesem Bereich zeigt, ob Sie gesundheitliche Anstrengungen als sinnvoll und belohnend erleben. Eine niedrige Punktzahl (14–41) ist ein Indiz dafür, dass Sie sich in Ihrem Körper nicht wohl fühlen und den Wert von Sport- und Gesundheitsmaßnahmen am eigenen Leib noch nicht erkannt haben.

Wenn Sie feststellen, dass Ihr Blick auf Ihren Körper alles andere als positiv ausfällt, dass Sie ihn eher quälen, als anspruchsvoll für ihn zu sorgen, brauchen Sie nicht zu resignieren. Nehmen Sie diese Erkenntnis vielmehr als Startschuss für eine grundlegende Veränderung: Arbeiten Sie an der Verbesserung Ihres Körpergefühls, setzen Sie an die Stelle des Ziels «Schlankheit» das Ziel «Gesundheit und Wohlbefinden». Um dieses Ziel zu erreichen, sind folgende Schritte notwendig:

- Nehmen Sie sich selbst das Versprechen ab: «Nie wieder mache ich eine strenge Diät! Nie wieder werde ich mir Genüsse versagen, nie wieder werde ich mich der demütigenden Prozedur des täglichen Wiegens aussetzen.» Verschenken Sie Ihre Diätbücher, oder geben Sie sie in die Papiersammlung. Wiegen Sie sich nur noch einmal die Woche oder noch besser: nur einmal im Monat. Denken Sie nicht ständig: «Was kann/darf/soll ich essen?» Gönnen Sie sich stattdessen regelmäßige, anspruchsvolle Mahlzeiten. Anspruchsvoll bedeutet dabei nicht, dass Sie sich nur noch von Lachs und Kaviar ernähren, sondern dass Sie bei den Nahrungsmitteln, die Sie Ihrem Körper zuführen, auf Qualität achten. Zu viel Zucker, Junkfood und Weißmehlprodukte zeugen von Anspruchslosigkeit. Aber ich bin sicher: Sie wissen längst, was Ihrem Körper gut tut – Sie waren bislang nur zu anspruchslos, um Ihr Wissen auch in die Tat umzusetzen.

- Überlegen Sie, was Ihnen und Ihrem Körper wirklich Spaß macht. Bei welcher Art von Bewegung fühlen Sie sich wohl (oder haben Sie sich früher einmal wohl gefühlt)? Mögen Sie Saunabesuche, Massagen, Yoga? Tanzen Sie gerne? Oder machen Ihnen lange Spaziergänge Freude? Was immer Ihnen zum Thema Bewegung einfällt, es geht nicht darum, große Leistungen zu bringen. Es geht vielmehr darum, ein neues Körpergefühl zu bekommen und den eigenen Körper und seine Bedürfnisse wieder zu respektieren. Wenn Sie sich nicht in Bewegung setzen, wird es Ihnen schwer fallen, sich in Ihrem Körper wirklich wohl zu fühlen. Und lügen Sie sich nicht in die eigene Tasche: Es reicht nicht aus, die Treppe zu nehmen statt den Aufzug, und auch das Unkrautjäten im Garten ersetzt nicht die systematische Bewegung. Zwar haben Gesundheitsexperten das in der Vergangenheit immer behauptet, doch neuere Studien zeigen: Wollen wir einen gesunden, funktionierenden Körper, der uns Freude bereitet, müssen wir in der Art und Intensität unserer Bewegung anspruchsvoller werden.

Wenn Ihnen das gelingt, reguliert sich übrigens ein eventuell vorhandenes Gewichtsproblem von selbst. Das belegt eine Studie, die mit 150 übergewichtigen Männern und Frauen durchgeführt wurde: Eine Gruppe hielt eine strikte Diät ein, eine zweite Gruppe aß normal, trieb aber regelmäßig Sport, eine dritte Gruppe machte Diät und betätigte sich zusätzlich sportlich. Die Studie lief über zwei Jahre.

Die Ergebnisse des ersten Jahres sind wenig überraschend: Die Nur-Diät-Gruppe sowie die Diät-Sport-Gruppe verloren am meisten Gewicht, während die Nur-Sport-Gruppe am wenigsten abgenommen hatte. Interessant aber war das zweite Jahr: Diejenigen, die nur Diät gehalten hatten, nahmen alle verlorenen Pfunde wieder zu, ähnlich die Teilnehmer der Diät-Sport-Gruppe: Auch sie brachten nach zwei Jahren fast dasselbe Gewicht auf die Waage wie zuvor. Die eindeutigen Gewinner aber waren jene Personen, die ihrem Gewicht ausschließlich mit Sport zu Leibe rückten. Sie hatten so viel Freude an der Bewegung gefunden, dass sie auch nach Studienende nicht damit aufhörten. Die Folge: Sie verloren langsam, aber sicher immer mehr an Gewicht.

Durch die regelmäßige Bewegung hatte sich das Wohlbefinden dieser Gruppe zunehmend verbessert – und wer sich insgesamt wohl fühlt in seiner Haut, entwickelt ein besseres Gespür für die Bedürfnisse seines Körpers. Eine Folge davon ist: Das Ernährungsverhalten wird vernünftiger – und anspruchsvoller. Man isst nicht mehr unüberlegt, und vor allem isst man nur, wenn man wirklich hungrig ist.

Was immer Sie sich für die Zukunft vornehmen – machen Sie es von Anfang an richtig. Beachten Sie die drei Punkte für ein erfolgreiches Selbstverwöhnprogramm:

1. *Kleine Schritte führen zum Ziel*
   Nehmen Sie sich nicht zu viel vor. Legen Sie Ihre Messlatte nicht zu hoch. Am Beispiel des Joggens kann sehr gut veranschaulicht werden, dass nur Geduld ans Ziel führt. Experten empfehlen, die ersten acht Wochen nur zwei Minuten am Stück zu laufen, dann eine Minute zügig gehen, zwei Minuten laufen, eine Minute gehen. Erst nach acht Wochen sollten Sie eine halbe Stunde am Stück laufen – und das dürfte Ihnen bei konsequentem Training dann nicht mehr schwer fallen. Auch Bundesaußenminister Joschka Fischer hat so angefangen. Er, der inzwischen ein bewährter Marathonläufer ist, schaffte am Anfang gerade mal 500 Meter rund um den Bundestag. Was fürs Joggen gilt, gilt auch für andere Vorhaben: Aller Anfang soll langsam sein.

2. *Freuen Sie sich an der Entwicklung*
   Auch wenn es langsam geht, es geht voran. Sicher gibt es Phasen, in denen Sie sich selbst antreiben oder die Zähne zusammenbeißen müssen. Aber insgesamt muss Ihnen Spaß machen, was Sie tun. Sie müssen Freude empfinden an den Fortschritten, die Sie machen. Ohne Freude werden Sie bald wieder in Ihren alten Trott zurückfallen.

3. *Denken Sie nicht zu viel über Ihr Tun nach*
Sobald Sie überlegen: Gehe ich heute wirklich joggen? Soll ich den Yogakurs heute nicht lieber ausfallen lassen? Wäre es besser, übermorgen schwimmen zu gehen? sind Sie in Gefahr aufzugeben. So selbstverständlich wie Sie morgens unter die Dusche gehen, so selbstverständlich sollte die Fürsorge für Ihren Körper werden.

Sie glauben immer noch nicht, dass ein sorgfältig ausgesuchtes, auf Ihre Bedürfnisse zugeschnittenes Körperverwöhn-Programm Sie auf Dauer zufrieden stellt? Vielleicht können die Ergebnisse einer psychologischen Studie Sie überzeugen: 100 Frauen, blutige Anfängerinnen in Sachen Fitness, gaben in einem Fragebogen Auskunft darüber, wie zufrieden sie mit sich und ihrem Körper waren. Etwa acht Wochen später wurden jene Frauen, die konsequent zwei bis drei Mal pro Woche Sport getrieben hatten, noch mal befragt. Und siehe da: Ihre Antworten fielen nun deutlich positiver aus. Sie schätzten nicht nur ihre körperliche Attraktivität höher ein, sondern waren auch insgesamt mit sich und ihrem Leben zufriedener.

Also – was ist? Brauchen Sie noch mehr gute Argumente, um sich und Ihrem Körper ein wirklich anspruchsvolles Programm zu gönnen?

V.
Du sollst mit Lust leben

Wenn Sie heute eine Frauenzeitschrift aufschlagen, dann kommen Sie am Thema «Sexualität» nicht vorbei. Die Magazine sind voller Ratschläge, wie Sie Ihr Sexualleben verbessern, Orgasmen intensiver erleben und Ihren Partner am besten «antörnen» können. Gut vorstellbar, dass Sie angesichts dieses Überangebots des Themas längst überdrüssig geworden sind. Kann auch sein, dass Sie, wenn Sie schon etwas älter sind, der Meinung sind: «Das betrifft mich nicht (mehr)!»

Möglicherweise sind Sie erstaunt, dass dem Thema Lust und Sexualität nun auch in diesem Buch ein Kapitel eingeräumt wird. Sie fragen sich vielleicht, was das mit «anspruchsvollen Frauen» zu tun hat. Sehr viel, wie Sie im Folgenden sehen werden. Vieles deutet darauf hin, dass Frauen heute sehr viel anspruchsvoller geworden sind, was ihre Sexualität angeht. Kurioserweise ist vor allem die – von Experten beklagte und bestätigte – zunehmende Lustlosigkeit ein wichtiges Indiz dafür. Aber gleichzeitig zeigt dieses Phänomen auch: Frauen sind noch nicht anspruchsvoll *genug*.

Lustlosigkeit – ein Zeichen dafür, dass Sie anspruchsvoll sind

Angesichts der Aufklärungsflut in den Medien sollte man annehmen, dass alles, was mit Sexualität, Erotik und Lust zu tun hat, für Frauen kein Problem mehr ist. Doch das ist ein großer Irrtum. Umfragen und wissenschaftliche Studien zeichnen ein düsteres Bild. Danach haben Frauen häufig große Probleme mit ihrem Sexualleben, sind lustlos und unbefriedigt und haben sich oft schon damit abgefunden, dass Lust in ihrem Leben keine große Rolle mehr spielt.

Nun ist nachlassendes sexuelles Verlangen bis zu einem gewissen Grad normal. Je länger eine Beziehung existiert, desto mehr lässt die Lust nach – und zwar bei Frauen *und* Männern. Schon bei jungen Paaren sinkt nach einem Jahr des Zusammenlebens die Häufigkeit des Geschlechtsverkehrs: Schlafen sie anfangs durchschnittlich zweieinhalb- bis dreimal pro Woche miteinander, finden sie nach einem Jahr nur noch knapp zweimal die Woche zusammen. Mit jedem weiteren Jahr des Zusammenlebens nimmt die sexuelle Aktivität weiter ab.

Auch mit zunehmendem Alter spielt Sexualität eine immer geringere Rolle im Leben von Paaren. Und dann gibt es natürlich noch individuelle Unterschiede: Nicht für jeden Menschen hat Sexualität eine große Bedeutung. Der eine braucht mehr davon, der andere weniger. Für den einen mag einmal die Woche viel zu wenig sein, einem anderen reicht einmal im Monat vollkommen aus.

Lustlosigkeit alleine ist also noch kein Grund zur Beunruhigung. Um eine gute Beziehung zu führen, muss man nicht unbedingt sehr viel Sex miteinander haben. Inzwischen mehren sich sogar die Stimmen, die eine neue Askese und Enthaltsamkeit predigen. Wer sich sexuell verweigert, reagiert danach gesund auf die Flut veröffentlichter Lust in den Medien. Ein durchaus nachvollziehbares Argument.

Sexuelle Lustlosigkeit ist so lange kein Problem, solange ein Mensch nicht das Gefühl hat, dass ihm etwas fehlt. Das aber ist bei vielen Frauen der Fall. Sie würden gerne mehr und intensivere Lust erfahren. Sie glauben, dass ihr Sexualleben, so wie es ist, nicht in Ordnung ist. Sie träumen von einem sensibleren Partner, lesen gierig literarische Schilderungen von sexueller Lust und Ekstase und glauben, dass es solche Erlebnisse für sie im realen Leben nicht geben kann. Sexualtherapeuten schätzen, dass inzwischen jede zweite Frau kein wirklich erfülltes Sexualleben hat. Erschreckende 80 Prozent davon scheinen sich damit abzufinden. Sie sprechen weder mit ihrem Partner noch mit einem Sexualtherapeuten darüber. Immer mehr Frauen – auch junge – bekennen sich dazu, dass sie im Bett einen Orgasmus vortäuschen und eigentlich überhaupt nichts empfinden.

Dass beim Thema Sex immer noch ein großes Schweigen herrscht, stellte auch das Meinungsforschungsinstitut INRA fest. Es hatte Anfang des Jahres 2000 im Auftrag der Zeitschrift «VITAL» (8/2000) eine repräsentative Auswahl von Frauen nach ihrer Lust befragt und stieß bei einem Viertel der Frauen auf Abwehr: Sie verweigerten die Aussage. Über die Motive der Schweigsamen kann man nur spekulieren: Ist es Scham? Oder spielt dieses Thema im Leben dieser Frauen keine Rolle mehr?

Die Frauen, die geantwortet haben, zeigten sich durchweg nicht sonderlich zufrieden mit der Lust in ihrem Leben:

- 37 Prozent hätten gerne phantasievolleren und aufregenderen Sex,
- 39 Prozent träumen von einem Mann, der weiß, was Frauen wünschen,
- 13 Prozent meinten, sie hätten nur selten Lust auf Sex,
- 18 Prozent möchten gerne öfter Lust empfinden,
- 62 Prozent halten ein erfülltes Sexualleben für nicht so wichtig. Jedenfalls glauben sie nicht, dass mangelnde Lust irgendwelche Auswirkungen auf ihre Stimmung hat.

Insgesamt zeigen diese Zahlen: Wenn es um ihre Lust geht, sind Frauen eher ernüchtert. Dies bestätigen auch Erfahrungen von Sexualtherapeuten, in deren Beratungsstellen und Praxen zunehmend «lustlose» Frauen um Hilfe nachsuchen.

In manchen Fällen liegt eine körperliche Störung zugrunde, die sexualtherapeutisch gut behandelt werden kann. Die Mehrheit der Frauen aber ist psychisch blockiert. Ihr Körper signalisiert «So will ich es nicht!» und schaltet um auf empfindungslos. Lustlosigkeit ist also in vielen Fällen ein Zeichen dafür, dass die Ansprüche der Frau an die Sexualität nicht erfüllt werden.

Warum sind Frauen anspruchsvoll, wenn sie kein beson-

deres Interesse am Sex mehr haben? Sexualwissenschaftler haben dafür verschiedene Erklärungen:
- Die Lustlosigkeit ist kein Defekt, sondern möglicherweise ein Protest. Wenn eine Frau lustlos reagiert, dann gefällt ihr vielleicht nicht, wie der Partner mit ihr umgeht. Möglicherweise will sie auch seine Wünsche und Erwartungen nicht erfüllen und fühlt sich in ihrer eigenen Sexualität zu wenig ernst genommen. «Die üblichen sexuellen Aktivitäten sind für Frauen oft unbefriedigend», erklärt die Sexualwissenschaftlerin Kirsten von Sydow. Während Männer Geschlechtsverkehr vorziehen, «sind Frauen stärker an nichtkoitalen sexuellen Aktivitäten interessiert». Das könnte erklären, warum sich in der oben genannten Umfrage 39 Prozent der Frauen einen Mann wünschen, der weiß, was Frauen gefällt.
- Lustlosigkeit kann auch ein Zeichen dafür sein, dass es in der Beziehung des Paares Probleme gibt. Kränkungen, versteckte Aggressionen und Streit verderben Frauen schneller den Spaß als Männern. Während Letztere beim Sex vorangegangene Konflikte kurzzeitig vergessen können, gelingt dies Frauen nur schwer. Sie haben den Kopf nicht frei, und sie wollen auch den Partner nicht mit ihrer Lust «belohnen».
- Nicht selten ist Lustlosigkeit die Folge, wenn einer Frau durch einen stressigen Berufsalltag und zusätzliche familiäre Anforderungen keine Zeit mehr für sich selbst bleibt. Ihr Körper reagiert dann intuitiv anspruchsvoll, indem er sie vor einer zusätzlichen «Belastung» schützt.

Lustlosigkeit – ein Zeichen dafür, dass Sie noch nicht anspruchsvoll genug sind

Wenn in Ihrem Leben die Lust fehlt, dann kann das ein Zeichen dafür sein, dass Ihre Ansprüche an Sexualität oder an den Partner/die Partnerin nicht erfüllt werden. Ihr Körper signalisiert «so nicht», er verweigert sich. Das «Angebot», das Ihnen gemacht wird, ist Ihnen nicht gut genug. So gesehen ist Ihre Lustlosigkeit ein positives Zeichen. Doch wenn Sie aus der Verweigerungshaltung keine Konsequenzen ziehen, wenn Sie sich damit abfinden, dass es in Ihrem Leben wenig oder keine Lust gibt, wenn Sie glauben, dass Sie einfach schon zu alt sind, um Lust zu empfinden, dann sind Sie mit Ihren Ansprüchen auf halbem Wege stecken geblieben.

Denn Lustempfinden und ein befriedigendes Sexualleben sind kein «Luxusprodukt», dessen Fehlen Sie leicht verkraften können. Sexualität ist ein wichtiges Element Ihrer Lebensqualität. Sie verbessert nicht nur Ihr Körpergefühl und Ihre Stimmung, sie stärkt auch Ihr Selbstvertrauen und macht die Beziehung zum Partner/zur Partnerin intensiver. Inzwischen ist auch gut erforscht, dass befriedigende Sexualität wichtig für die körperliche Gesundheit ist: Regelmäßiger guter Sex stärkt das Immunsystem. Sexuell aktive Menschen leiden zum Beispiel seltener unter Herzproblemen und Erkältungen. Sex wirkt anregend auf die Ausschüttung von Endorphinen und anderen Hormonen, die Einfluss auf die Stimmung haben: Stresssymptome und depressive Verstimmungen werden dadurch seltener. Auch Menstruationsbeschwerden lassen nachweislich nach, wenn eine Frau regelmäßig Orgasmen erlebt.

Es gibt also viele gute Gründe, sich mit der Frage «Wie viel Lust gibt es in meinem Leben?» auseinander zu setzen und auch auf diesem Gebiet anspruchsvoller zu werden:

- Anspruchsvolle Frauen verzichten nicht auf Lustgefühle, sie wissen, dass gelebte Sexualität positive Auswirkungen auf ihre psychische Stabilität wie auch auf ihr körperliches Wohlbefinden hat.
- Anspruchsvolle Frauen beschäftigen sich mit ihrem Körper, erforschen ihre Bedürfnisse und teilen diese ihrem Partner/ihrer Partnerin mit. Sie erwarten nicht, dass der andere ihre Wünsche errät. «Es gibt eine weibliche Tradition, mit sexuellen Wünschen hinter dem Berg zu halten», kritisiert Kirsten von Sydow. «Die Vorstellung, das Begehren müsse vom Mann ausgehen, er müsse von selbst wissen, was ihr gut tut, ist immer noch weit verbreitet.»
- Anspruchsvolle Frauen täuschen niemals einen Orgasmus vor. Denn sie wissen, dass damit eine Lüge zwischen ihnen und ihrem Partner entsteht und dass sie ihn um die Chance bringen, etwas hinzuzulernen.
- Anspruchsvolle Frauen schieben nicht ihr Alter als «Entschuldigung» vor. Sie wissen, dass Älterwerden kein Grund ist, um sich Lust zu versagen.

Dass sogar alte Frauen lustvoll leben wollen und können,

bestätigt eine Studie der Sexualmedizinerin Ulrike Brandenburg. Sie befragte 52 Frauen im Alter zwischen 70 und 80 Jahren nach ihren erotischen Bedürfnissen und Aktivitäten. Das Ergebnis: Sex ist auch für alte Frauen wichtig, unabhängig davon, ob sie alleine oder mit einem Partner leben. 60 Prozent der Befragten gaben an, sich gelegentlich selbst zu befriedigen. Sexuelle Zufriedenheit, so die befragten Frauen, sei wichtig, um sich körperlich wohl und attraktiv zu fühlen.

Wie kann es Ihnen gelingen, der Lust den Stellenwert zu verschaffen, den sie in Ihrem anspruchsvollen Leben verdient?

1. Werden Sie egoistischer. Vor allem in Langzeitbeziehungen passen sich Frauen zu bereitwillig den Bedürfnissen und Vorstellungen ihres Partners an. Machen Sie kein Geheimnis mehr aus ihren sexuellen Wünschen. Erklären Sie dem Partner, was Sie gerne von ihm hätten und welche «Praktiken» Sie weniger schätzen. Holen Sie sich, was Sie brauchen. Nicht der Partner allein, sondern auch Sie tragen die Verantwortung für Ihre Lust.
2. Wenn Sie in einer Partnerschaft leben, reden Sie über Ihre Gefühle. Sagen Sie es offen, wenn Sie keine Lust verspüren. Erforschen Sie gemeinsam mit dem anderen, woran es liegen könnte. Sollten Sie das alleine nicht schaffen, holen Sie sich Hilfe bei einem Sexualtherapeuten.
3. Sie leben alleine? Das ist doch kein Grund, auf Lust zu

verzichten! Sorgen Sie für sich selbst. Gönnen Sie sich regelmäßig, was Ihnen wirklich gut tut. Berühren Sie Ihren Körper, finden Sie heraus, wie Sie sich selbst am besten Lust verschaffen können. Machen Sie sich klar, dass über weibliche Sexualität viele Fehlinformationen kursieren, die möglicherweise auch Sie beeinflussen. Eine dieser Fehlinformationen lautet zum Beispiel: Pornographie erregt Frauen nicht. Falsch. Zahlreiche Studien zeigen, dass Frauen genauso Gefallen finden an pornographischen Darstellungen und Beschreibungen wie Männer. Kein Tabu sollten also sein: Pornofilme, erotische Literatur. Alles, was Sie antörnt, ist gut!

4. Erlauben Sie sich sexuelle Phantasien. Sexualforscher haben festgestellt: Je reger das Phantasieleben, desto befriedigender ist auch die Sexualität. Lassen Sie Ihren sexuellen Phantasien freien Lauf, zensieren Sie nicht, was Ihnen in den Kopf kommt. In Ihrer Phantasie darf Sexualität alles sein: schmutzig, aggressiv, gewalttätig, experimentell. Stellen Sie sich vor, Sie würden einen völlig fremden Mann lieben; sich in der Öffentlichkeit selbst befriedigen; es im Zug mit einem Unbekannten treiben. Alles, was die Lust fördert, ist erlaubt.

5. Überdenken Sie Ihre Prioritäten. Vernachlässigen Sie aus Zeitmangel oder Stress Ihr Sexualleben? Sind Sie oft zu müde zum Sex? Dann sollten Sie überlegen: Sind die Telefonate, die Wohnung, das Essen wirklich vorrangig? Wäre es nicht schön, wenn Sie lustvolle Aktivitäten wichtiger nehmen würden als alles andere? Wenn Beruf und

Alltagspflichten Energien rauben, ist es notwendig, das lustvolle Zusammensein zu planen. Es ergibt sich nicht spontan und von alleine. Im Gegenteil: Je später der Abend, desto müder sind Sie (und Ihr Partner). Deshalb: Erst Sex, dann alles andere. Sie werden schnell merken: Je öfter Sie Lust erleben, desto intensiver wird sie und desto häufiger verspüren Sie den Wunsch danach.

6. Vermeiden Sie lusttötende Aktivitäten. Ein ausgiebiges Abendessen mit ein, zwei Flaschen guten Weins? Wunderbar! Doch wenn Sie danach auf ein wirklich lustvolles, intimes Zusammensein hoffen, werden Sie höchstwahrscheinlich enttäuscht sein. Satt und müde, wie Sie sind, wird es nur noch zu einer mehr oder weniger geschwisterlichen Umarmung reichen. Besser: Ausdauertraining, Aerobic oder andere, nicht allzu erschöpfende Sportarten verbessern das Körpergefühl und machen erwiesenermaßen Lust auf Sex.

7. Ist die Lust schon länger aus Ihrem Leben verschwunden? Geht es Ihrem Partner/Ihrer Partnerin genauso? Dann hilft vielleicht die «Fünf-Wochen-Kur», die Sexualtherapeuten häufig lustlosen Paaren empfehlen:
Erste Woche: Nur einmal in dieser Woche sind Zärtlichkeiten erlaubt. Sagen Sie einander, wo Sie gerne berührt und gestreichelt werden möchten. Verboten ist: Streicheln der Genitalien und Geschlechtsverkehr.
Zweite Woche: Sie dürfen Ihre Zärtlichkeiten auf dreimal pro Woche ausdehnen. Erlaubt ist jetzt auch eine Massage: Reiben Sie sich gegenseitig mit Massageöl ein.

Küssen ist nicht mehr verboten, aber immer noch gilt: Kein Geschlechtsverkehr und die Genitalien nicht berühren.

Dritte Woche: Auch diese Woche sind nur drei erotische Treffen geplant. Noch immer bleiben die Genitalien ausgespart – aber jetzt nur noch für den Partner. Sie selbst und Ihr Partner/Ihre Partnerin dürfen sich «dort» streicheln: Masturbieren Sie voreinander. Nicht kneifen: Diese Phase halten Sexualtherapeuten für sehr wichtig!

Vierte Woche: Jetzt darf Ihr Partner Ihr Geschlecht und Sie dürfen seinen Penis berühren. Sprechen Sie offen darüber, was Ihnen gut tut.

Fünfte Woche: Jetzt gibt es keine Verbote mehr. Sie dürfen miteinander tun, was immer Sie wollen. Wetten, dass die Lust zurückgekehrt ist?

All diese Ratschläge sollten Sie nur als Angebote begreifen. Wenn Sie erst mal akzeptiert haben, dass eine anspruchsvolle Frau auf ein lustvolles Leben nicht verzichten will, dann finden Sie mit der Zeit schon selbst heraus, was Lust für Sie bedeutet. Wenn Sexualität in Ihrem Leben noch nie eine besonders große Rolle gespielt hat, wenn Sie Ihren Partner nicht mehr lieben, aber sich von ihm nicht trennen können oder wollen, dann sollten Sie so anspruchsvoll sein und andere Quellen der Lust entdecken. Erotik hat viele Facetten. Ein anregendes Bad, eine Aromamassage, das Gefühl von Seide auf der Haut, Musik zu hören, die unter die Haut geht, sich in den Geruch eines Parfüms regelrecht hineinfallen zu lassen, morgens mit nackten Füßen über eine taufrische Wiese zu spazieren ... Das Leben hat viele lustvolle Geschenke für uns – seien Sie so anspruchsvoll, sie auch zu nutzen!

VI.
Du sollst eigensinnig sein

Sei doch nicht so engstirnig! Du bist vielleicht stur. Wenn du nur deinen Willen durchsetzen kannst! Du musst immer das letzte Wort haben. Dein Eigensinn wird dir noch mal das Genick brechen! – Bekommen Sie öfter solche oder ähnliche Vorwürfe zu hören? Wird Ihnen von Menschen, die Ihnen nahe stehen, an den Kopf geworfen, Sie seien zu eigensinnig? Wenn ja, wie reagieren Sie darauf? Schämen Sie sich? Arbeiten Sie an sich, um diese schlechte Eigenschaft loszuwerden?

Das ist eindeutig die falsche Reaktion. Denn Eigensinn wird in unserer Gesellschaft völlig zu Unrecht als negative Eigenschaft bewertet.

Seit ewigen Zeiten ist Eigensinn etwas, was Erziehern viel Kopfzerbrechen bereitet. So heißt es in einem Erziehungsratgeber von 1748, dass Eltern ihren Kindern «gleich anfangs ... durch die Rute den Eigensinn vertreiben sollen». Nur so würden sie «gehorsame, biegsame und gute Kinder» bekommen. Eigensinnige Kinder galten als ungehorsam, und Ungehorsam durften Eltern auf keinen Fall dulden. «Wir definieren den Gehorsam als die Unterordnung des Willens unter einen berechtigten anderen Willen», heißt es in einem anderen Ratgeber aus dem Jahr 1887. Wenn sich auch seither die Erziehungsziele wandelten und die Methoden der so genannten «Schwarzen Pädagogik» zu Recht in die Kritik geraten sind, wird doch auch heute noch ein gehorsames Kind gelobt und ein «eigensinniges» Kind getadelt. Vielen eigensinnigen Kindern wird heute allerdings ein anderes Etikett angeheftet: Sie gelten als *hyperaktiv* oder *aufmerksamkeitsgestört* und geraten nicht selten in die Mühlen medizinisch-psychologischer Behandlung. Viele von diesen «auffälligen» Kindern haben möglicherweise nur einen ausgeprägt starken Willen, der sie überall anecken lässt. Anpassung, Unterordnung und Gehorsam sind auch heute noch wichtige Erziehungsziele, auch wenn dies Eltern so offen nicht mehr zugeben würden. Mütter schämen sich, wenn ihr «eigensinniges Kind» im Supermarkt Terror macht. Sie verlieren die Geduld, wenn der Nachwuchs auf seinem eigenen Willen beharrt und partout den Spinat nicht essen will. Sie sind nicht stolz, wenn das Kind die wichtigen Worte «Ich will aber» sagt. Der eigene Wille, so lernen die meisten von uns schon sehr früh, hat keine große Bedeutung und ist bei anderen alles andere als beliebt.

Kein Wunder also, wenn wir den Eigensinn in der Rubrik «negative Eigenschaften» abheften. Aber ist Eigensinn wirklich etwas, was man einem Kind austreiben und einem Erwachsenen als schlechten Charakterzug ankreiden muss? Der Dichter Hermann Hesse ist da vollkommen anderer Ansicht:

«Eine Tugend gibt es, die liebe ich sehr, eine einzige. Sie heißt Eigensinn. Von all den vielen Tugenden, von denen wir in Büchern lesen und von den Lehrern reden hören, kann ich nicht so viel halten. Und doch könnte man all die vielen Tugenden, die der Mensch erfunden hat, mit einem einzigen Namen umfassen. Tugend ist: Gehorsam. Die Frage ist nur, wem man gehorche. Nämlich auch der Eigensinn ist Gehorsam. Aber alle anderen, so sehr beliebten und belobten Tugenden sind Gehorsam gegen Gesetze, welche von den Menschen gegeben sind. Einzig der Eigensinn ist es, der nach diesen Gesetzen nicht fragt.»

Hesse, der sich selbst als «gesellschaftsfeindlicher Eremit» und «Sonderling» bezeichnete, wurde 85 Jahre alt. Eine Tatsache, die der Mediziner und Schriftsteller Till Bastian nicht zuletzt auf den Eigensinn des Dichters zurückführt. Menschen, die es nicht nötig haben, mit dem Strom zu schwimmen, die weniger angepasst leben als andere, bleiben länger gesund, lautet die Schlussfolgerung, die Bastian aus der Analyse vorliegender Forschungsarbeiten zieht. Auch das «*Deutsche Ärzteblatt*» (36/1999) gibt auf die Frage «Wie wird man über 100 Jahre alt?» folgende Antwort: Sehr alt werden Menschen, «die ihrer Umwelt gegenüber entspannt, selbstbewusst und eher dominant auftreten».

Anders und eigensinnig sein ist dabei aber noch nicht das ganze Geheimnis. Es muss einem auch Spaß machen, sich gegen den *mainstream* zu stellen, erklärt Till Bastian:

«Entscheidend ist nicht das Anderssein an sich. Andersartigkeit kann ja leider ... auch zur Quelle von Beschämung, Ohnmachtsgefühl und heftigem seelischem Leiden werden. Es geht auch nicht um ein aus innerem Zwang geborenes ‹Anderssein um jeden Preis› ... Es geht vielmehr um die Fähigkeit, *Vergnügen* an einer – wie auch immer verursachten – Andersartigkeit zu empfinden. Ein Vergnügen, das damit zusammenhängen dürfte, dass diese Andersartigkeit nicht als fremdbestimmt und ungewollt, sondern als selbst gestaltet und gewollt erlebt wird. Das Vergnügen daran, sich abzuheben, kann mit Fug und Recht auch als ‹Eigensinn› bezeichnet werden.»

Auch der Psychologe David Weeks hat festgestellt, dass Menschen, die sich von der Masse abheben, gesünder sind als der Durchschnitt. Er nannte sie nicht eigensinnig, sondern exzentrisch:

«Exzentriker sind gegenüber dem physiologischen Tribut, den der Stress fordert, ziemlich unempfindlich, weil sie kein Bedürfnis nach Anpassung empfinden und sich typischerweise nicht darum kümmern, was andere von ihnen denken. Weil Exzentriker ganz einfach Situationen meiden, die erfolgreich zu meistern ihnen vielleicht misslingt, oder indem sie einen Fehlschlag einfach nicht zur Kenntnis nehmen, arbeiten ihre endokrinen Systeme ohne die destruktive Überproduktion von Kortisol und anderen Stresshormonen. So verbleiben ihre neuroendokrinen und Immunsysteme in einem Zustand wunderbar ungestörter Balance.»

In diesem Zitat sind die wesentlichen Merkmale eigensinniger Menschen enthalten:

- Eigensinnige Menschen passen sich nicht an.
- Eigensinnigen Menschen ist nicht wichtig, was andere von ihnen denken.
- Eigensinnige Menschen grübeln nicht über Fehler nach.
- Eigensinnige Menschen schützen sich vor Stresssituationen.
- Eigensinnige Menschen setzen sich realistische Ziele, um ein Misslingen zu vermeiden.

So mancher Exzentriker mag für die Welt verloren sein. Im Nichtangepasstsein besteht natürlich auch die Gefahr, sich von seinen Mitmenschen völlig abzukapseln oder so «seltsam» zu werden, dass man seine Umwelt nur noch verwirrt. Diese Extremform des Eigensinns sollten wir selbstverständlich nicht anstreben. Ein gesundes Maß an Eigensinn bedeutet nicht, stur seinen Weg zu gehen, ohne Rücksicht auf Verluste, ohne auf die Bedürfnisse anderer zu achten und ohne Interesse für die Mitmenschen. Eigensinnig sein bedeutet vielmehr, sich nicht von anderen Menschen, von Zeitgeistmoden, von fremden Meinungen abhängig zu machen, sondern sich selbst zum Maßstab seines Denkens und Handelns zu machen.

Eigensinnige Menschen wissen, was richtig und was falsch ist. Sie haben oft hohe Ziele, die sie auch dann nicht aus den Augen verlieren, wenn sie von ihrer Umwelt keinerlei Unterstützung bekommen oder sogar angefeindet werden. Eigensinnige Menschen wissen, was sie tun, und sie wissen, warum sie es tun.

Unter dem Titel «denn sie wussten, was sie taten» hat die Künstlergruppe *u.w.a.g.a* die Geschichten von dreizehn eigensinnigen Frauen fotografisch in Szene gesetzt (zu besichtigen im Internet unter www.uwaga.de). Allen Frauen ist gemeinsam, dass sie sich gegen den Strom der Zeit stemmten, dass sie taten, was sie glaubten, tun zu müssen:

- zum Beispiel Jeanne d'Arc, die 1431 für ihre Überzeugungen auf dem Scheiterhaufen als Ketzerin und Hexe verbrannt wurde;
- zum Beispiel Madame Pompadour, die sich nicht mit ihrer Rolle als Mätresse Ludwigs XV. abfand, sondern mit starkem Willen zu seiner politischen Beraterin wurde;
- zum Beispiel Florence Nightingale, nach deren Ansicht «es nur noch eins gibt, was sich lohnt: anderen zu helfen und Mitgefühl zu erweisen». Für dieses Ziel gab sie ihre gutbürgerliche Existenz auf. Obwohl ihr Leben hart und entbehrungsreich war, wurde sie 90 Jahre alt;
- zum Beispiel Rosa Luxemburg, die sich auch durch zahlreiche Verhaftungen und Gefängnisaufenthalte nicht von ihrer politischen Überzeugung abbringen ließ und 1919 von Soldaten der Reichswehr ermordet wurde.

Diese Frauen, die wussten, was sie taten, können uns Vorbild sein. Auch wenn wir nicht in Schlachten ziehen oder in die Geschichtsbücher eingehen, können wir in unserem Alltag eine Revolutionärin sein und eindrucksvoll unsere Spuren hinterlassen. Indem wir den Ereignissen des Alltags unseren eigenen Sinn geben, können wir Zeichen setzen. Indem wir nicht mehr länger etwas tun, nur weil es andere auch tun, können wir unsere Individualität zeigen. Indem wir darauf verzichten, Meinungen nur dann zu äußern, wenn sie niemandem wehtun, können wir Stellung beziehen.

Wenn wir es nicht mehr nötig haben, uns mit dem Wind zu drehen – dann gehören auch wir zu den Frauen, die wissen, was sie tun.

Mehr Eigensinn verhilft Ihnen nicht nur zu stabiler Gesundheit, es stärkt auch Ihr psychisches Rückgrat: Ihr Selbstbewusstsein wächst und damit auch Ihre innere Unabhängigkeit. Je eigensinniger Sie werden, desto anspruchsvoller werden Sie.

Sie fragen sich, wie Sie eigensinniger werden können? Zum Beispiel, indem Sie

- *nicht mehr länger schweigen*, wo Ihnen eigentlich nach Protestieren zumute ist: Wenn Sie eine andere Meinung vertreten als Ihre Freunde, Ihre Kollegen, Ihre Vorgesetzten, die Nachbarn, sollten Sie zeigen, dass Sie den Handlungen oder Situationen Ihren eigenen Sinn geben. Halten Sie mit Ihrer Meinung nicht hinter dem Berg, wenn die Nachbarin über die «lauten, kriminellen Ausländer» herzieht, die im Nebenhaus wohnen. Sagen Sie, was Sie über einen Politiker denken, der von anderen trotz seiner Skandale verteidigt wird. Erheben Sie Ihre Stimme, wenn in der Firma eine Kollegin gemobbt wird. Wenn Sie eine eigensinnige Frau sind, schweigen Sie nicht mehr länger zu Dingen, die Ihnen nicht gefallen. Sie wollen, dass andere wissen, was Sie denken. So anspruchsvoll sind Sie!

Die Psychologin Judith Viorst erklärt, warum es so wichtig ist, den Mund aufzumachen: «In gewissen Fällen kann äußerliche Übereinstimmung moralisch verwerflich sein, weil wir bewusst nicht in einer bestimmten Weise aktiv werden und mit dieser Passivität unsere heiligen Prinzipien und Ideale verraten.»

Das bedeutet nicht, dass wir zu einer «ständig eingeschnappten Gedankenpolizei ... werden. Doch manchmal muss man öffentlich Widerrede halten. Wenn wir hingegen aus dem Wunsch heraus schweigen, nur ungestört weitermachen und fortkommen zu wollen, geben wir unsere moralische Kontrolle einer Situation aus der Hand. Wenn wir es nicht fertig bringen, eine Position entschlossen zu vertreten, wenn dies moralisch zwingend ist, dann fügen wir uns den Tätern und stellen uns mit ihnen auf eine Stufe, zumindest aber fördern wir damit ein moralisches Klima, das Tätern entgegenkommt.»

- *tun, was für Sie einen Sinn ergibt:* «Das ist doch Blödsinn, warum willst du jetzt noch mal eine Ausbildung machen. Musst du dir den Stress antun!», «Inlineskates! In deinem

Alter! Du machst dich lächerlich!» Sie kennen das: Obwohl Sie längst erwachsen sind, glauben bestimmte Menschen in Ihrer Umgebung, das, was Sie tun oder vorhaben, kommentieren zu müssen. Als eigensinnige Frau lassen Sie sich das in Zukunft nicht mehr bieten. Wenn Sie einen Sinn darin sehen, gibt es nichts Verrücktes, Dummes oder Unvernünftiges. Dann hat alles, was Sie sich vornehmen, für Sie Hand und Fuß. Was andere darüber denken, kann Ihnen gleichgültig sein.

- *unterlassen, was Sie nicht tun wollen*: Wenn Sie den Dingen und Geschehnissen Ihren eigenen Sinn geben, dann müssen Sie auch bislang Selbstverständliches in Frage stellen. Ist es für mich sinnvoll, wenn ich meinen Mann zu den für ihn so wichtigen, für mich aber langweiligen Geschäftsessen begleite? Ist es für mich sinnvoll, wenn ich meine alten Eltern jedes zweite Wochenende besuche, obwohl sie meine Hilfe gar nicht brauchen? Ist es für mich sinnvoll, wenn ich die Arbeit von der Kollegin übernehme, nur weil sie so nett darum bittet? Ist es für mich sinnvoll, die Alleinverantwortung für die Hausarbeit zu übernehmen? Ist es für mich sinnvoll, der Einladung von Freunden zu folgen, obwohl ich keine wirkliche Lust verspüre? Wenn Sie sich angewöhnen, die «Ist es für mich sinnvoll?»-Frage zu stellen, werden Sie sehr schnell merken, dass viele Dinge für Sie einen ganz eigenen Sinn haben, den Sie bislang aus Anspruchslosigkeit übersehen haben.
- *Ihren freien Willen respektieren*: Eigensinnige Frauen wis-

sen: Was sie denken, fühlen und wollen, ist genauso wichtig wie das, was andere Menschen denken, fühlen und wollen. Sie respektieren ihren freien Willen und bringen ihn klar zum Ausdruck. Niemals würde eine eigensinnige Frau sagen «Es ist nicht so wichtig, was ich denke» oder «So egoistisch will ich nicht sein» oder «Welches Recht habe ich schon . . .» oder «Wer will schon wissen, was ich denke . . .». Eigensinnige Frauen zögern nicht, den eigenen Sinn, den sie in den Dingen sehen, auch kundzutun.

- *selbstbewusst Ihre Fähigkeiten zeigen*: Hierzu eine kleine, wahre Anekdote: Als die Popsängerin Madonna erfuhr, dass Regisseur Alan Parker sie bei der Vergabe der Titelrolle des Films «Evita» übergehen wollte, schrieb sie ihm einen langen Brief. Darin erklärte sie ihm ausführlich, warum nur sie diese Rolle spielen sollte, welche Begabungen und Fähigkeiten sie mitbringe und was sie anderen Bewerberinnen voraus habe. Bekanntlich zeigte dieser Brief Wirkung: Sie bekam die Rolle. Eigensinnige Frauen warten nicht, bis andere merken, was sie können. Sie sorgen selbst dafür, dass sie es erfahren. Sie haben kein Problem damit, ihre Fähigkeiten an die große Glocke zu hängen, denn der hemmende Gedanke «O Gott, was werden die von mir denken!» kommt ihnen erst gar nicht in den Sinn.

Eigensinnige Frauen sind freie Frauen. Sie brauchen nicht die Anerkennung der anderen, geschweige denn ihre Erlaubnis zu irgendetwas. Sie sind die Autorinnen ihres eigenen Lebens, sie lassen niemand anderen an ihrem Leben federführend mitschreiben. Sie sind Akteurinnen, keine Reagierer. Sie stehen auf und kämpfen für ihre Rechte, wenn sie ihnen jemand streitig machen will. Und sie kämpfen für die Rechte anderer, die nicht für sich selbst kämpfen können. Eigensinnige Frauen sind nicht überall beliebt, aber sie werden niemals übergangen.

VII.
Du sollst finanziell unabhängig sein

Helga führt seit vielen Jahren einen gut gehenden Frisörsalon. Dennoch plagen sie Geldsorgen. Aus unerfindlichen Gründen zerrinnt das Eingenommene zwischen ihren Fingern. Sie kann sich selbst nicht erklären, wo das Geld bleibt. Ihre Wohnung ist günstig, sie fährt kein Auto – und doch bleibt nach Abzug der Steuern nicht viel übrig.

Magda ist Künstlerin. Ihre Bilder und Skulpturen sind begehrt. Den vielen Ausstellungsanfragen kann sie gar nicht mehr nachkommen. Ihre Einkünfte sind gut. Aber nicht gut genug. Weil sie glaubt, für ihre Werke nicht zu viel verlangen zu können («Wer kann sich das schon leisten?»), hat sie seit Jahren ihre Preise nicht erhöht. Verkauft sie – was selten vorkommt – über eine Galerie, staunt sie, was diese für ihre Kunst verlangt. Ihr entsetzter Kommentar: «Das würde ich nie wagen!»

Cathrin hat Sozialpädagogik studiert und ein paar Jahre in einer Jugendbegegnungsstätte gearbeitet. Dann hat sie geheiratet, zwei Söhne bekommen, die jetzt 12 und 10 Jahre alt sind. Ihr Mann verdient als Kinderarzt genug, um die Familie zu ernähren. Cathrin musste nicht arbeiten und ging vollständig in der Mutterrolle auf. Doch dann bekam das

Familienidyll einen Riss: Cathrin erfuhr, dass ihr Mann eine Geliebte hatte. Zur Rede gestellt, offenbarte er seine Scheidungsabsichten. Und plötzlich musste Cathrin feststellen: «Ich war finanziell vollkommen abhängig. Ich wusste überhaupt nicht über unsere Geldangelegenheiten Bescheid. War die Wohnung eigentlich abbezahlt? Was würde mir zustehen, wenn ich geschieden wäre?»

Drei völlig unterschiedliche Frauen, die eines gemeinsam haben: Ihr Verhältnis zum Geld ist gestört. Äußert sich dies bei Helga, dass sie am Monatsende trotz hohen Einkommens immer klamm ist, zeigt sich dies bei Magda in ihrer falschen Bescheidenheit und bei Cathrin in ihrer selbstschädigenden Sorglosigkeit. Auch wenn sich in den letzten Jahren einiges im Verhältnis der Frauen zum Geld verändert hat, so haben sie gegenüber Männern doch noch einen erheblichen Nachholbedarf. «Beinahe jede zweite Frau berichtet mir im Gespräch strahlend und fast stolz, dass sie zu Geldanlagen überhaupt keinen Zugang habe», fasst die Finanzexpertin Helma Sick ihre Erfahrungen zusammen.

Was finanzielle Klugheit angeht, haben Frauen einen enormen Nachholbedarf, wie auch die Autorin Colette Dowling feststellt: «Es kostet ungeheure Anstrengungen und eine Art Gegen-den-Strich-Bürsten, um Geld aus der eigenen Gegenwart abzuziehen und für die Zukunft beiseite zu legen. Ich glaube noch immer, dass dies keiner tut, der es nicht so gelernt hat, wie Seehunde das Fischen lernen. Männer der Mittelklasse lernen es. Von Kind an bringt man ihnen bei, zu planen und zu sparen, um einen bestimmten Lebensstandard zu erreichen und zu bewahren. Frauen der Mittelklasse lernen das nicht.»

Noch immer schlagen sich viele Frauen mit dem Erbe der vorherigen Frauengenerationen herum. Frauen, die in den 50er oder 60er Jahren geboren wurden, hatten in der Regel niemanden, der mit ihnen über Geld geredet hätte. Geld war so wenig ein Thema wie Sex. Die Mütter waren meist nicht berufstätig, der Vater war der Verwalter des Geldes und weihte oft nicht mal seine Ehefrau in die Finanzangelegenheiten der Familie ein – geschweige denn die Tochter. Schließlich: Ein Mädchen heiratet ja doch. Ist Ihnen bewusst, dass erst 1958 das Gesetz zur Gleichberechtigung von Mann und Frau verabschiedet wurde? Erst durch dieses Gesetz wurde es Frauen rechtlich zugestanden, auch ohne Einwilligung des Mannes eigenes Geld zu verdienen. Davor konnte ein Ehemann zum Arbeitgeber seiner Frau gehen und ohne ihre Zustimmung den Arbeitsvertrag auflösen. Auch über eigenes Vermögen konnte eine Ehefrau nicht frei verfügen. «Das Vermögen der Frau wird durch die Eheschließung der Verwaltung ihres Mannes unterworfen», hieß es im alten Bürgerlichen Gesetzbuch, das bis 1953 gültig war.

Inzwischen hat sich die Situation von Frauen dramatisch verändert. Waren 1960 49 Prozent aller erwachsenen Frauen berufstätig, sind es heute 60 Prozent. Noch im Jahr 1992 verdienten nur 8 Prozent der erwerbstätigen Frauen 5000 Mark netto, 1996 waren es schon 10,2 Prozent. Frauen sind heute den Umgang mit eigenem Geld gewohnt. Dennoch fehlt vielen immer noch ein «Geld-Gen», das den selbstbewussten Umgang mit Geld selbstverständlich macht. Und immer noch scheint für viele Frauen Geld eine Männersache zu sein. «Kaum zu glauben», schreibt die Zeitschrift *Freundin* (20/2000): «Trotz Emanzipation wissen 27 Prozent der Frauen auch heute noch nicht, wie viel ihr Mann verdient.»

Frauen sind die größten Finanzexpertinnen, wenn es darum geht, mit dem Haushaltsbudget auszukommen, die günstigsten Angebote für Nahrungsmittel und Haushaltsgegenstände zu recherchieren. Doch sobald es um ihr eigenes Geld und ihre Zukunftssicherung geht, stehen sie sich immer wieder selbst im Wege. Helma Sick, die sich auf die finanzielle Beratung von Frauen spezialisiert hat, erlebt immer wieder, dass Frauen auf berechtigte Ansprüche verzichten. «Frauen fragen in Einstellungsgesprächen nicht nach dem Gehalt. Hoch qualifizierte Wissenschaftlerinnen erhalten für ihre Vorträge vor internationalen Gremien häufig geringere Honorare als ihre männlichen Kollegen. Frauen arbeiten in schlecht bezahlten Berufen, zum Beispiel im sozialen Bereich. Für die gleiche Arbeit verdienen sie rund ein Drittel weniger als Männer. Ehefrauen gehen in die Steuerklasse V mit ihren horrenden Abzügen, so dass der Mann alle Steuervorteile hat. Frauen verzichten bei einer Scheidung im Vorfeld häufig auf den eigenen Unterhalt, Töchter werden generell mit einem geringeren Erbe abgespeist, und Existenzgründerinnen vergessen bei der Kalkulation ihr eigenes Einkommen.»

An der Art, wie wir mit Geld umgehen, lässt sich sehr gut ablesen, wie anspruchsvoll wir sind. Eine wirklich anspruchsvolle Frau wird sich niemals ohne Not in finanzielle Abhängigkeit von einem anderen Menschen begeben. Und selbst wenn sie wenig verdient, wird sie einen Teil ihres mühsam verdienten Geldes überlegt investieren und nicht alles in den Konsum stecken.

Auch wenn Sie zu den Frauen gehören, die «selbstverständlich!» berufstätig sind, ist noch nicht gesagt, dass Sie mit Ihrem Geld anspruchsvoll umgehen. Vielleicht ergeht es Ihnen wie Helga oder Magda – Sie haben zwar Geld, aber es bleibt nicht genug, um ein weiches Polster für die Zukunft anlegen zu können. Colette Dowling hat beobachtet, dass selbst Frauen mit einem «beträchtlichen Einkommen» sich mit dem Sparen schwer tun. Wie zum Beispiel diese Top-Fotografin: «Immer wenn ich ein dickes Honorar aus Tantiemen oder einem Auslandsverkauf bekomme, sagt mir der Steuerberater: ‹Sie sollten wirklich Geld auf Ihr Pensionskonto einzahlen.› Also lege ich widerwillig etwas an. Aber wenn er nicht wäre und mir Schuldgefühle verursachte, würde ich alles ausgeben, was ich verdiene. So kommt es, dass ich nicht annähernd genug zurückgelegt habe.»

Viele Frauen denken, «Die Zukunft wird schon für sich selbst sorgen», meint Colette Dowling. Und insgesamt hoffen sie in jungen Jahren auch, dass sie nicht bis an ihr Lebensende allein für ihren Unterhalt verantwortlich sein werden. Das alte Denken, dass ein Prinz kommt und uns mit dem Versprechen verführt, «Du brauchst nie mehr zu arbeiten, ich sorge für dich», sitzt immer noch in unseren Köpfen, auch wenn wir das nicht wahrhaben wollen. «Wenn uns endlich dämmert, dass keiner außer uns da ist, der in den letzten Jahrzehnten unseres Lebens für uns sorgt, haben wir vielleicht keinen Pfennig investiert», warnt Dowling. Experten raten, wenigstens 10 Prozent vom Einkommen auf die hohe Kante zu legen. Das funktioniert immer – auch vom kleinsten Gehalt können 10 Prozent abgezweigt werden.

Wie auch immer Ihre finanzielle Situation aussieht: Ob Sie sorglos glücklich sein können, ob Sie Ihr Geld hart verdienen oder sich auf die Unterstützung eines Mannes verlassen – es kann nicht schaden, einmal Ihr Verhältnis zum Geld zu überdenken und zu prüfen, ob Sie anspruchsvoll genug damit umgehen.

Stellen Sie zunächst fest, ob Sie Kontrolle über Ihre Finanzen haben:

1. Wissen Sie genau (und ohne auf dem Gehaltszettel nachschauen zu müssen), wie viel Sie pro Jahr, pro Monat, pro Stunde verdienen?
   Ja   Nein
2. Wissen Sie genau, was Ihr Partner verdient?
   Ja   Nein
3. Kommen Sie ohne Haushaltsplan mit Ihrem Geld aus?
   Ja   Nein
4. Sparen Sie regelmäßig einen bestimmten Betrag von Ihrem Gehalt?
   Ja   Nein

5. Kümmern Sie sich um die Finanzen der Familie/der Beziehung?
   Ja   Nein
6. Wenn nicht, wissen Sie über die finanziellen Regelungen Bescheid?
   Ja   Nein
7. Haben Sie eine eiserne Notreserve im Gegenwert von mindestens sechs Monatsgehältern?
   Ja   Nein
8. Lässt Ihr Partner Sie über die Finanzen im Unklaren?
   Ja   Nein
9. Wenn ja, macht Ihnen das etwas aus?
   Ja   Nein
10. Geben Sie öfter mal Geld aus, obwohl Sie es sich eigentlich nicht leisten können?
    Ja   Nein
11. Kaufen Sie manchmal etwas, nur um Ihre Stimmung zu verbessern?
    Ja   Nein
12. Kaufen Sie häufig auf Kredit?
    Ja   Nein
13. Möchten Sie mehr Kontrolle über Ihr Geld haben?
    Ja   Nein
14. Kaufen Sie manchmal Dinge, die Sie gar nicht brauchen?
    Ja   Nein
15. Lassen Sie sich von Sonderangeboten verleiten?
    Ja   Nein

16. Kaufen Sie sündhaft teure Dinge, weil Sie darin ein Statussymbol sehen?
Ja　　　　Nein

Wenn Sie auf die Fragen 1 bis 7 mehr als dreimal mit «Nein» und auf die Fragen 8 bis 16 mehr als viermal mit «Ja» geantwortet haben, dann ist Ihr Verhältnis zum Geld gestört. Sie haben keine Kontrolle über Ihre Finanzen, so wie das Geld reinkommt, geben Sie es auch wieder aus. Wollen Sie finanziell unabhängig werden und auch in Zukunft bleiben, sollten Sie Ihr Finanzgebaren überdenken. Finanzielle Unabhängigkeit ist dabei nicht abhängig von der Höhe Ihres Einkommens. Auch mit einem kleinen oder durchschnittlichen Gehalt können Sie sich Unabhängigkeit leisten. Sie sollten dazu

1. eine schonungslose Bestandsaufnahme vornehmen,
2. Ihre Prioritäten überdenken,
3. Ihr emotionales Verhältnis zum Geld aufdecken,
4. sich verdeutlichen: Geld bedeutet Macht.

Die *Bestandsaufnahme* Ihrer Einkünfte und Ausgaben ist einfach. Schreiben Sie einen Monat lang alles auf, was Sie ausgeben. Neben den laufenden Kosten Miete, Strom, Heizung, Zeitung, Versicherungen sollten Sie jede Summe, und sei sie noch so gering, die Ihren Geldbeutel verlässt, notieren (Essen, Reinigung, Frisör, Kosmetik). Am Ende des Monats vergleichen Sie Ihre Ausgaben mit Ihren Einnahmen. So einfach ist es, herauszufinden, ob Sie über Ihre Verhältnisse leben und ob Ihnen noch genügend Geld bleibt, um etwas auf die Seite zu legen.

Prioritäten überdenken ist schon etwas schwieriger. Als ich vor einigen Jahren begriff, dass ich aus schlichter Unkenntnis meine finanzielle Unabhängigkeit aufs Spiel setzte, holte ich mir Hilfe bei einem freien Wirtschaftsberater. Noch heute ist mir im Ohr, was er gleich als Erstes zu mir sagte: «Sie müssen sich entscheiden, was Sie wollen. Wollen Sie finanzielle Unabhängigkeit jetzt und auch später, im Alter? Oder wollen Sie ein dickes Auto fahren, brauchen Sie repräsentative Wohnräume, geben Sie gerne viel Geld für teure Kleidung aus?» Wer nicht wirklich sehr wohlhabend ist, muss diese Entscheidung – Konsum oder Unabhängigkeit – treffen. Seither überlege ich bei jeder größeren Ausgabe, ob mir die Sache wirklich wichtig ist. Oft genug schon habe ich ein schönes Kleidungsstück wieder zurückgelegt, weil ich gemerkt habe: 500 Mark auf dem Konto sind mir lieber als ein 500-Mark-Pullover im Schrank. Und seit ich erfahren habe, dass gut verdienende Frauen im Schnitt ein Drittel ihres Einkommens in Schönheitspflege investieren, begegne ich den Versprechungen der Kosmetikindustrie mit sehr viel größerer Zurückhaltung als früher. Die Überlegung «Wie gut stünden wir Frauen da, wenn wir das Geld, das wir für unsere Selbstverschönerung ausgeben, in Aktienfonds anlegen würden?» hat mich zu einem sparsameren Menschen werden lassen.

Wenn es darum geht, die eigenen finanziellen Prioritäten

zu überdenken, sollten wir uns auch darüber klar werden, wie weit uns andere Menschen in unserem Finanzgebaren beeinflussen: Wenn die Kollegin nur Designerkleidung kauft, müssen wir das noch lange nicht tun. Wenn der Kollege ständig ein neues Auto fährt, ist das nicht unbedingt ein Vorbild. Wenn die Freundin teuren Rotwein für ein Statussymbol hält, dann müssen wir ihr das nicht nachmachen. Was andere mit ihrem Geld machen, ist deren Sache. Wir haben unsere eigenen Pläne und Ziele.

Wenn Sie wirklich anspruchsvoller in Gelddingen werden wollen, müssen Sie auch Ihr *emotionales Verhältnis* zu Mark und Pfennig überdenken. Sie wissen längst, dass Kaufen und Konsum oft auch etwas mit Ihrer psychologischen Verfassung zu tun haben: Sie kaufen sich Kosmetik, weil Sie sich müde und abgespannt fühlen. Sie schenken sich selbst den teuren Pulli, weil Sie sich für eine überaus anstrengende Arbeitswoche belohnen wollen. Ihre Freundin beglücken Sie zum Geburtstag mit einem viel zu teuren Parfüm; sie soll schließlich wissen, was sie Ihnen wert ist.

In vielen Fällen kaufen wir nicht, weil wir etwas wirklich brauchen. Wir kaufen: um Stress abzubauen, um uns Gutes zu tun, um Ärger zu vergessen, um andere zu beeindrucken, um uns toll und mächtig zu fühlen.

Ob wir das Geld zum Fenster rausschmeißen oder es geizig zusammenhalten, hat auch viel mit unserer Erziehung zu tun. Wir lernen unsere Einstellung zum Geld, indem wir beachten, wie Vater und Mutter damit umgehen. Gab es oft Streit ums Geld? War die Mutter vom Vater abhängig, oder hatte sie Geld, über das nur sie allein verfügte? Galt Geld als etwas «Schmutziges»? Wie selbstverständlich bekam man Taschengeld? Bekam man überhaupt eines? Hat Vater im Lokal öfter eine Runde ausgegeben – und waren dann alle besonders freundlich zu ihm? War den Eltern materieller Besitz wichtiger als Freunde und Familienleben?

Es ist oft hilfreich, sich bewusst zu machen, woher wir unsere Einstellung zum Geld haben. Wenn wir erkennen, dass Gefühle mit im Spiel sind, wenn der Kontostand am Monatsende immer im Soll ist, können wir überlegen, ob es weniger kostspielige Möglichkeiten gibt, um unsere Bedürfnisse zu befriedigen.

Und schließlich: Wenn Sie zu den Frauen gehören, die sagen, «Geld ist mir nicht so wichtig», dann ist Ihnen vielleicht nicht klar: *Geld bedeutet Macht*. Männer wissen um diesen Zusammenhang, und dies ist der Grund dafür, dass sie niemals auf die Idee kämen, ihre finanziellen Ansprüche zu vernachlässigen. Sie streben gut bezahlte Positionen an, nicht nur, um ihr Können zu beweisen, sondern vor allem, um Macht ausüben zu können. Anspruchsvolle Frauen wissen, dass sie ohne Geld keine Macht haben. Sie scheuen daher nicht davor zurück, ihre finanzielle Unabhängigkeit so auszubauen, dass sie – wenn es darauf ankommt – mächtig genug sind, um ihre eigenen Geschicke lenken zu können. «Geld und Macht sind entscheidende Ressourcen, um eigene Ziele zu erreichen und eigenes Wollen umzusetzen, unabhängig davon, ob andere dem zustimmen», meint die Professorin Carol Hagemann-White. Sie rät Frauen, sich «nützliche Vorräte an Macht und Geld anzulegen, die bei Bedarf zielgerichtet eingesetzt werden können».

Welche Macht können anspruchsvolle Frauen sich mit Geld kaufen? Wozu brauchen wir finanzielle Polster?

- Wir brauchen Geld, um uns Dienstleistungen zu kaufen, damit wir nicht vor lauter Fürsorge um andere uns selbst aus den Augen verlieren.
- Wir brauchen Geld, um beweglich sein zu können. Ein eigenes Auto kann zusätzliche Freiheit und Zeitgewinn bedeuten.
- Wir brauchen Geld, um nicht vom Wohlwollen und Willen eines anderen Menschen abhängig zu sein.
- Wir brauchen Geld, um in Würde alt werden zu können.
- Wir brauchen Geld, um uns am Arbeitsplatz nicht alles gefallen lassen zu müssen.
- Wir brauchen Geld, um möglichst lange gesund zu bleiben.
- Wir brauchen Geld, um unsere beruflichen Pläne zu verwirklichen.
- Wir brauchen Geld, um uns aus unbefriedigenden Beziehungen lösen zu können.
- Wir brauchen Geld, um uns weiterzubilden.

Diese Liste ließe sich unbegrenzt verlängern. Ihnen fallen ganz sicher noch mehr und andere Punkte ein, die für eine finanzielle Unabhängigkeit sprechen. Es gibt genug gute Gründe, in Gelddingen anspruchsvoller zu werden. Wenn wir Geld haben, kann uns so schnell niemand vorschreiben, was wir tun oder lassen sollen. Im Gegenteil: Finanzielle Sicherheit gibt uns in allen anderen Lebensbereichen die Macht, unsere eigenen, anspruchsvollen Vorstellungen zu verwirklichen.

VIII.
Du sollst loslassen, was dich behindert

Harald Juhnke war mal wieder zum Alkoholentzug in einer Klinik. Nun steht er erneut auf den Brettern, die die Welt für ihn bedeuten. Warum tut er sich das an?

Helmut Kohl, in Spendenskandale verstrickter Ex-Bundeskanzler, sitzt als einfacher Abgeordneter wieder im Bundestag. Hat er das nötig?

Die Tennisspielerin Martina Navratilova hatte sich 1994 emotionsreich vom weißen Sport verabschiedet, jetzt ist sie wieder da. Mit 43! Warum nur?

Prinz Charles ist ebenfalls nicht mehr der Jüngste. Schon ewig wartet er, dass seine Mutter, Queen Elizabeth, ihren Posten für ihn frei machen wird. Doch noch immer denkt sie nicht ans Aufhören.

Johannes Heesters steht mit 95 immer noch auf der Bühne, die allgegenwärtige Inge Meysel ist auch schon über 90, die 98-jährige Leni Riefenstahl taucht nicht nur tief in die Meere, sondern immer auch wieder auf Veranstaltungen auf...

Nicht-aufhören-Können. In unsere Bewunderung für die Ausdauer so mancher Prominenter mischt sich immer auch Spott und leichte Verachtung: Die finden kein Ende! Die haben es wohl nötig! Das wird langsam peinlich! Wie kann man nur so an Macht, Ruhm, Applaus hängen, dass man es nicht schafft, in Würde eine Karriere zu beenden und dem Erfolg nicht mehr hinterherzulaufen!

An Personen des öffentlichen Lebens erkennen wir sehr hellsichtig, wie bedauernswert es ist, wenn man nicht loslassen kann. Geht es um uns selbst, haben wir in dieser Hinsicht jedoch oft einen blinden Fleck: Wir merken nicht, dass auch wir nicht selten so handeln wie die von uns Bemitleideten. Auch wir klammern uns an Ziele und Projekte, obwohl sie längst aussichtslos geworden sind und nur Verluste einfahren. Wir ziehen nicht aus der überteuerten und lauten Wohnung aus. Wir wechseln nicht den Arbeitsplatz, obwohl wir längst keine Freude mehr an der Tätigkeit empfinden und es auch keine Aufstiegschancen für uns gibt.

Und was oft noch schlimmere Folgen hat: Es fällt uns schwer, Menschen gehen zu lassen, die eine wichtige Rolle in unserem Leben gespielt haben. Wir klammern uns an Liebesbeziehungen, obwohl sich die Liebe längst verabschiedet hat. Wir lassen uns nicht scheiden, obwohl wir mit dem Mann an unserer Seite am Tag keine drei Worte mehr wechseln. Wir bekommen Angst, wenn unsere Kinder immer selbständiger werden und alle Anzeichen dafür sprechen, dass wir bald in einem «leeren Nest» sitzen werden.

Wenn es darum geht, einen Schnitt zu machen oder Unbefriedigendes zu beenden, sind wir meist recht anspruchslos. Wir geben uns mit Mittelmaß zufrieden, gehen lieber den bequemen, aber langweiligen Weg, resignieren, statt zu kämpfen. Rechtzeitig loslassen, einen Menschen oder ein Ziel, das erfordert eine Stärke, die wir oft nicht aufbringen. Erkenntnisse wie «Das ist mir nicht gut genug!», «Ich hatte mir anderes erhofft», «Ich bin einigermaßen zufrieden, aber wirklich glücklich bin ich nicht», «Ich stelle mir mein Leben anders vor» lassen wir erst gar nicht richtig ins Bewusstsein dringen. Auch Eingeständnisse wie «Ich kann nicht mehr» oder «Ich habe aufs falsche Pferd gesetzt» oder «Ich habe mich geirrt» oder «Ich muss neu anfangen» kommen den meisten von uns nur schwer über die Lippen.

Warum sind wir so zurückhaltend, wo wir zu unserem eigenen Wohl konsequent handeln müssten? Warum tun wir nicht, was vernünftig wäre? Warum sind wir oft so gelähmt, wenn es um wichtige Entscheidungen in unserem Leben geht? Warum fällt es uns so schwer, Altes loszulassen und Neues zu beginnen? Warum sind wir so anspruchslos und arrangieren uns mit Situationen und Menschen, die uns nicht (oder nicht mehr) gut tun?

Sozialpsychologen haben sich diese Fragen gestellt und verschiedene Antworten gefunden. Danach zeigen wir oft ein starkes Beharrungsvermögen, wenn wir Angst vor Gesichtsverlust haben. «Jetzt habe ich diesen Mann geheiratet. Wie stehe ich da, wenn ich schon nach zwei Jahren mich wieder scheiden lasse?» Ebenfalls eine Rolle spielt die Überlegung: «Ich habe so viel in dieses Ziel oder diesen Menschen investiert. Das wäre alles verloren, wenn ich mich trennen würde.» Wenn wir zum Beispiel überlegen, einen Arbeitsplatz zu wechseln, dann kann es sich hemmend auswirken, wenn wir nur an die Kosten, nicht aber an den Nutzen des Wechsels denken: «Ich habe diese Abteilung aufgebaut. Meine Erfolge würde ein anderer einheimsen. Und ich müsste woanders wieder ganz von vorne anfangen.» Solche Gedanken ersticken Trennungsüberlegungen im Keim.

Neben diesen nachvollziehbaren und uns allen wahrscheinlich sehr vertrauten Gründen für Beharrlichkeit gibt es aber noch «tiefere» Ursachen, wenn uns der Mut verlässt und uns die Ich-Stärke fehlt, einen Plan, ein Ziel oder einen Menschen ziehen zu lassen. «Trennen heißt meistens, Vertrautes loslassen und sich in Unvertrautes hineinwagen, das macht uns Angst oder Wut, erfüllt uns mit Gefühlen von Unsicherheit und Verlassenheit», erklärt die Psychotherapeutin Verena Kast unsere Angst vor dem Neuen. Um diese quälenden Gefühle zu vermeiden, machen wir lieber weiter. Hoffen, wie ein Kleinkind, dass es andere – das Schicksal, die Kollegen, die Familie, die Firma – schon «irgendwie» richten werden. Irgendwann wird die Arbeit wieder Spaß machen, eines Tages wird der Ehemann sich uns wieder zuwenden, die Kinder werden ausziehen, aber uns regelmäßig besuchen.

Wenn wir Angst vor dem Loslassen haben, entstehen Lebenslügen. Weil wir die oft unangenehmen Wahrheiten unseres Lebens nicht wahrhaben wollen, «übersehen» wir sie einfach oder biegen sie uns so zurecht, dass sie erträglich werden. «Nein, mein Mann betrügt mich nicht. Er muss nur so viele Überstunden machen.» «Der Chef ist zufrieden mit meiner Arbeit. Dass er mich nicht zu den Konferenzen einlädt, hat nichts zu bedeuten.»

Der amerikanische Psychologe Daniel Goleman hat erklärt, wie Lebenslügen zustande kommen: Unser Gehirn ist so konstruiert, dass es Schmerz unterdrücken kann, es bezahlt aber dafür mit verminderter Wahrnehmungsfähigkeit. So entsteht ein «blinder Fleck», eine Lücke in unserer Weltsicht. Angst, Unsicherheit und Schmerz zu unterdrücken kann unter Umständen hilfreich und sinnvoll sein. Wenn wir uns wirklich in Gefahr befinden, sorgt dieser Mechanismus dafür, dass wir überleben können: Vor einer Operation macht er uns Mut, in Krisensituationen hält er uns aufrecht.

Geht es aber um notwendige Veränderungen, kann uns der «blinde Fleck» in die Irre führen. Zwar dämpft er auch hier momentan die Angst und die Unruhe, doch gleichzeitig macht er uns auch handlungsunfähig. Weil wir glauben wollen, dass alles in Ordnung ist oder wieder in Ordnung kommen wird, stehen wir konstruktiven Lösungen und wichtigen Entwicklungsschritten im Weg. Die Lebenslüge wirkt wie ein starkes Beruhigungsmittel – wie Alkohol oder Medikamente dämpft sie unsere Unruhe. Doch wie bei anderen Beruhigungsmitteln besteht auch bei der Lebenslüge die Gefahr der Abhängigkeit. Wir werden abhängig von Vertrautem und Gewohntem und können uns das Neue nur als bedrohlich vorstellen. Mit der Lebenslüge erkaufen wir uns eine momentane Entlastung: Der Entscheidungsdruck wird leichter, wenn wir der Wahrheit nicht direkt ins Auge sehen.

Im Sich-selbst-Beruhigen sind die meisten von uns sehr begabt. Was auch verständlich ist angesichts unseres modernen Lebens, das von Unwägbarkeiten und Unsicherheiten geprägt ist. Täglich bekommen wir bestätigt, dass wir uns eigentlich auf nichts verlassen können: Korrupte Politiker. Kollegen, die arbeitslos werden. Freunde, die sich scheiden lassen. Kinder, die auf die schiefe Bahn geraten. Verlässliche Stabilität gibt es in keinem Lebensbereich mehr. Wenn wir uns auf so wenig verlassen können, dann wollen wir uns wenigstens auf uns selbst und unser enges Umfeld verlassen können. Weil wir irgendwann Treue versprochen haben, halten wir an einem ungeliebten Menschen fest; weil wir uns für ein Ziel entschieden haben, bleiben wir auch dann dabei, wenn es sich als falsch herausstellt – wir wollen uns schließlich nicht vorwerfen lassen, wir seien wankelmütig oder unzuverlässig. Die Angst, wir könnten es bitter bereuen, wenn wir uns von einem Ziel oder einem Menschen lösen, lässt uns passiv bleiben. Noch mehr Unsicherheit glauben wir nicht verkraften zu können. Und schließlich wollen wir nicht vom Regen in die Traufe kommen. Wer nichts tut, der kann auch nichts falsch machen – nach dieser Devise kleben wir an einmal getroffenen Entscheidungen wie das Insekt am Fliegenfänger.

Meist ist die Angst vor Reue aber unbegründet, wie die Psychologin Lydia Lange vom Max-Planck-Institut für Bildungsforschung in Berlin in ihren Studien zeigen konnte. Danach bereuen Menschen in der Rückschau nicht ihre Dummheiten und Fehler, sondern das, was sie *nicht* getan haben. Verpasste Chancen belasten unsere Psyche sehr viel mehr als die Folgen falscher Entscheidungen. «Durch Passivität kann man Reue also nicht vermeiden, sondern auf Dauer schürt man sie geradezu», so das Resümee der Psychologin.

Verpasste Veränderungsmöglichkeiten sind also eine sehr viel größere Lebenshypothek als eventuell falsch getroffene Entscheidungen. Der Psychosomatiker Viktor von Weizäcker warnte schon vor vielen Jahren vor den Folgen eines «ungelebten Lebens». Es ist psychisch und körperlich erschöpfend, wenn wir bewusst oder unbewusst ignorieren, dass etwas in unserem Leben schief läuft.

Wenn wir nicht loslassen können, leben wir wie unter einer Glasglocke. Es gibt keine Höhen und Tiefen, zu intensiven Gefühlen sind wir nicht fähig, wir fühlen uns unbeweglich und behindert wie der dick aufgeblasene Michelin-Mann. Langfristig gefährden wir auch unsere Gesundheit: Schlaflosigkeit, chronische Rückenbeschwerden, quälende Depressionen, permanente Kopfschmerzen können ein Zeichen dafür sein, dass wir längst fällige Entscheidungen vor uns herschieben. Es ist ein anstrengendes und zugleich anspruchsloses Leben, zu dem wir uns verdonnern, wenn wir zu starr an einmal gefassten Plänen festhalten. Die Münchner Psychologin Veronika Brandstätter warnt vor den negativen Folgen der Passivität: «Das Festhalten an fragwürdigen Zielen beeinträchtigt auf jeden Fall unser Wohlbefinden. Abgesehen davon bleiben auch wichtige Ressourcen gebunden, wir fühlen uns nicht frei, Neues in Angriff zu nehmen. Wertvolle Zeit geht verloren.»

Mit unserer «Treue» zu vertrauten Lebensumständen tun wir uns also langfristig gesehen überhaupt keinen Gefallen. Im Gegenteil: Wenn wir die blinden Flecke in unserer Wahrnehmung nicht entfernen, bringen wir uns selbst um die Möglichkeiten, unserem Leben neue, spannende Wendungen zu geben. Doch das genau ist der hemmende Punkt: Wir ahnen zwar, dass Neues durchaus besser sein kann als Altes. Aber da wir nicht wissen, wie das Neue genau aussieht, zögern wir. Lieber den Spatz in der Hand als die Taube auf dem Dach, sagen wir uns und bewegen uns nicht vom Fleck.

Doch wenn wir passiv an nicht mehr lohnenswerten Zielen oder unbefriedigenden Beziehungen festhalten, bringen wir uns um die Chance, unserem Leben eine positivere Wende zu geben, meint auch die Autorin Herrad Schenk:

«Manchmal beweist sich Stärke gerade darin, auf ein hoch besetztes Lebensziel zu verzichten. . . . Ich muss lernen, damit fertig zu werden, dass sich Lebenspläne nicht erfüllen, dass hoch besetzte Träume nicht in Erfüllung gehen, obwohl ich mich vielleicht sehr dafür angestrengt habe. Dieses Lernen ist mehr wert als das Kleben an den Wünschen, als das verbissene Kämpfen um jeden Preis. Eine Frau, die unfreiwillig kinderlos ist, kann das zum Beispiel irgendwann akzeptieren – oder sie kann sich endlos in den Mühlen reproduktionsmedizinischer Programme verstricken lassen. Statt meinen Partner um jeden Preis halten zu wollen, wenn er gehen will, kann ich ihn gehen lassen. Statt mich in Bitterkeit und Neid zu verzehren, wenn ein Kollege nach dem anderen in der Berufshierarchie an mir vorbeizieht . . . kann ich das ehrgeizige Ziel der Beförderung aufgeben und mir andere wichtige Lebensinhalte suchen.»

«Wer loslässt, hat die Hände frei», lautet der kluge Titel eines Buches, das die Autorin Katrin Wiederkehr geschrieben hat – «für Frauen, die noch viel vorhaben» (so der Untertitel). Ein schöner Gedanke: Die Hände frei zu haben für Neues, für das, was einem wichtig ist. Nach Meinung des Franziskanerpaters Richard Rohr müssen wir drei große Dinge im Leben loslassen: «den Zwang, erfolgreich zu sein; den Zwang, recht zu haben . . .; schließlich den Zwang, mächtig zu sein, alles unter Kontrolle zu haben.» Was müssen Sie loslassen, um die Hände frei zu bekommen?

Nehmen Sie sich ein paar Minuten Zeit. Legen Sie sich ein großes Blatt Papier zurecht und teilen Sie es in vier Spalten. In die erste Spalte schreiben Sie ungeordnet in Stichworten auf, was Ihnen zum Thema «Loslassen» in den Sinn kommt. Woran «kleben» Sie? Welche unbefriedigende Situation sollten Sie schon längst beenden?

In der zweiten Spalte notieren Sie Ihre Vermutungen darüber, warum es Ihnen so schwer fällt, loszulassen. Haben Sie Angst? Wenn ja, wovor? Fürchten Sie den Verlust? Warum?

Die dritte Spalte nutzen Sie für ein Experiment. Überlegen Sie, welche Vorteile es für Sie hätte, wenn Sie loslassen würden. Wechseln Sie vom Kostendenken («Jetzt habe ich schon so viel investiert...!») zum Nutzendenken («Was wäre der Vorteil, wenn ich loslasse? Was hätte ich persönlich davon?»).

Beispiel: «Wenn ich diesen Arbeitsplatz kündige, dann suche ich mir eine Stelle, an der ich endlich meine Fremdsprachenkenntnisse nutzen kann.» Oder: «Wenn ich diese Beziehung beende, dann brauche ich niemandem mehr Rechenschaft geben und habe endlich mehr Zeit für meine Interessen.»

Nun spielen Sie das «Als-ob-Spiel». Tun Sie einfach mal so, als hätten Sie sich schon für die Alternative entschieden. Was müssten Sie dann konkret tun? Schreiben Sie in die vierte Spalte, was Ihnen zu dieser Frage einfällt: eine Stellenanzeige aufgeben, eine neue Wohnung suchen (wo, in welchem Stadtteil, was dürfte sie kosten?) und so weiter. Der Trick bei diesem Spiel: Indem Sie sich vorstellen, was Sie tun müssten, verlieren Sie die Angst vor dem Neuen und nähern sich der besseren Alternative Schritt für Schritt an. Das neue Ziel erscheint nicht mehr so fremd, es verliert seinen Schrecken, wird handhabbarer, realistischer.

Was immer Sie loslassen wollen – es ist kein leichter Weg. «Das Loslassen, die Trennung wird von uns immer auch als Verlust erlebt, wenn es gut geht aber als Verlust *und* als Gewinn», schreibt Verena Kast. Das Gefühl des Verlustes müssen wir ertragen und bewältigen, wenn wir etwas oder jemanden loslassen wollen. Kast: «Wer den möglichen Verlust vermeiden will, kann sich nicht auf das Leben, kann sich nicht auf Beziehungen wirklich einlassen; dadurch verliert man an Lebensintensität, man verliert letztlich alles, man verspielt Lebendigkeit.»

Das lehrt uns auch die biblische Geschichte von Sodom und Gomorra: Sie erzählt von Gottes Entscheidung, die beiden Städte zu zerstören, weil die Einwohner zu genusssüchtig und verschwenderisch geworden waren. Ein Einwohner aber lebte Gott zu Gefallen, und so sollte er gerettet werden: Lot wurde von Engeln aufgefordert, seine Habseligkeiten zu nehmen und mit seiner Familie die Stadt zu verlassen. Einzige Bedingung: Niemand durfte zurückblicken. Als sie die Tore der Stadt erreichten, konnte es sich Lots Frau nicht verkneifen, einen Blick zurück auf die Stadt, auf ihre Vergangenheit zu werfen. Sie wollte nur noch einmal sehen, was sie zurückließ. Gottes Strafe folgte auf dem Fuße: Lots Frau erstarrte zur Salzsäule.

In gewisser Weise erstarren auch wir zur Salzsäule, wenn wir nicht loslassen wollen. Wie Verena Kast warnt: Das Leben ist weniger intensiv und weniger lebendig, wenn wir an Vergangenem kleben und Neues nicht wagen. Anspruchsvolle Frauen wollen auf ihre Lebendigkeit nicht verzichten. Sie fürchten sich zwar auch vor schmerzlichen Verlustgefühlen, sie haben auch Angst vor dem Unbekannten, doch sie wissen, dass ihr Leben nur dann lebenswert bleibt, wenn es darin keinen Platz gibt für langweilige Routine, faule Kompromisse und lähmende Passivität.

IX.
Du sollst herausfinden, was du wirklich willst

Was wollen Sie? Was erwarten Sie von Ihrem Leben? Eigentlich eine einfache Frage. Doch die Antwort darauf ist alles andere als einfach. Natürlich können Sie klar formulieren, dass Sie gerne ein neues Auto hätten, im Lotto gewinnen möchten, die große Liebe herbeiwünschen oder möglichst lange gesund leben wollen. Aber diese Art von Wünschen ist hier nicht gemeint. Vielmehr geht es um die Frage, wie Ihr Leben aussehen muss, damit es für Sie einen Sinn ergibt.

Wahrscheinlich geraten Sie jetzt ins Schwimmen. Wahrscheinlich haben Sie sich diese Frage so konkret noch nie gestellt; und wenn doch, dann haben Sie sie möglicherweise gleich zur Seite geschoben, weil die Antwort darauf Ihnen schwer fällt. Erfüllt Sie Ihr Beruf mit Sinn? Erleben Sie Ihr Privatleben als sinnerfüllt? Verbringen Sie Ihre Zeit mit sinnvollen Tätigkeiten? Das sind unangenehme Fragen, denen wir uns nicht gerne stellen. Instinktiv wissen wir, dass wir darauf keine wirklich befriedigende Antwort finden. Und doch ist da immer wieder diese innere Unruhe und eine unerklärliche Sehnsucht (nach was?), die den Verdacht aufkommen lassen, dass wir nicht so leben, wie wir eigentlich wollen. Wir spüren: Da steckt noch etwas in uns, das entdeckt werden will, aber wir wissen nicht genau, was das ist.

Wenn auch Sie nicht wissen, was Sie wirklich wollen, dann werden Sie bei der folgenden Beschreibung wahrscheinlich zustimmend nicken:

- Sie stecken in Routine fest: Ihr privates Leben wie auch Ihr Beruf verlaufen vorhersehbar. Wenn morgens der Wecker klingelt, wissen Sie genau, was auf Sie zukommt. Ihr Leben ist vorgezeichnet. Es hat weder Höhen noch Tiefen. Langeweile ist das Grundgefühl Ihres Lebens. Ob in der Arbeit, mit Ihrer Familie oder mit Freunden – Sie fühlen sich nicht mehr herausgefordert.
- Immer öfter fühlen Sie sich einsam, sogar in Gegenwart von angenehmen Menschen. Sie leben in einem goldenen Käfig: Alles ist da, was Sie brauchen – und doch fehlt etwas.
- Depressive Verstimmungen, Schlaflosigkeit, Rückenschmerzen, Hautprobleme, Erschöpfungszustände oder andere Symptome quälen Sie. Ärzte konnten Ihnen bislang nicht helfen.

All das können Symptome dafür sein, dass Sie die Möglichkeiten, die das Leben für Sie bereithält, nicht ausschöpfen. Vielleicht lassen Sie Begabungen und Interessen brachliegen. Vielleicht haben Sie beruflich die falsche Wahl getroffen. Vielleicht sind Sie in Beziehungen verstrickt, die Ihnen die Lebendigkeit nehmen. Vielleicht leben Sie entgegen Ihrer Berufung. Vielleicht sind Sie zu anspruchslos in Ihren Forderungen an sich und das Leben.

Anspruchsvoll sein heißt auch: «Ich will herausfinden, was mich wirklich ausmacht: Was ist das Besondere an mir?» Der amerikanische Psychotherapeut James Hillman ist überzeugt davon, dass kein Mensch nur «Durchschnitt» ist. Jeder hat ganz besondere Fähigkeiten und Begabungen – und der Sinn des Lebens ist es, diese Potentiale zu erkennen und bestmöglich zu entfalten. Ein wirklich erfülltes Leben ist nur möglich, so meint Hillman, wenn es uns gelingt, die Stimme unseres Schicksals zu hören und zu verstehen. Diese Stimme sagt uns nämlich, was unsere Berufung, man könnte auch sagen: was unsere Bestimmung in diesem Leben ist. Die Stimme unseres Schicksals sagt uns, was wir wirklich wollen.

Die meisten Menschen hören diese Stimme nicht oder nicht mehr, weil sie durch andere «Geräusche» übertönt wird: Da sind die Stimmen der Eltern, die uns einreden, dass ein sicherer Job in einer Bank für uns besser sei als eine Ausbildung zur Sängerin; da sind die Stimmen der Lehrkräfte, die unsere Kreativität in genormte Bahnen lenken und uns damit die Freude am Zeichnen verderben; da ist die Stimme des Ehepartners, der uns einredet, dass es seine Frau nicht nötig hat, ihre Zeit mit der Betreuung von alten Menschen zu verbringen; da sind die Stimmen unserer Familie, die verhindern, dass wir in die große, fremde Stadt aufbrechen; da sind unsere eigenen inneren Stimmen, die mahnen: «Das kannst du nicht, du hast doch zwei linke Hände!», «So toll ist dein musikalisches Talent nun auch wieder nicht!», «Schuster bleib bei deinen Leisten!».

Die Stimme unseres Schicksals hat es sehr schwer, sich Gehör zu verschaffen. Zu gehorsam hören wir auf «Du sollst!»-, «Du musst»-, «Das tut man nicht»-Vorschriften, zu fixiert sind wir auf den einmal eingeschlagenen Lebensweg, dass es uns schon Angst macht, wenn das Schicksal nur ganz zaghaft bei uns anklopft: Gedanken wie «Das kann doch nicht alles gewesen sein» oder «Soll das jetzt bis an mein Lebensende so weiter gehen?» oder «Wollte ich nicht mal etwas ganz anderes werden?» schieben wir schnell beiseite, weil wir glauben, für grundlegende Veränderungen sei es jetzt zu spät.

Diese Anspruchslosigkeit kommt uns teuer zu stehen. Es erschöpft uns psychisch wie physisch, wenn wir unsere Berufung auf Dauer verleugnen. Warum wohl, glauben Sie, ereignen sich die meisten Herzinfarkte am Montagmorgen, wenn die Menschen eigentlich erholt aus dem Wochenende an den Arbeitsplatz zurückkehren sollten? Weil die Arbeit langweilig und wenig sinnvoll erscheint, weil sie nichts mit einem selbst zu tun hat.

Den eigenen unverwechselbaren Kern zu entdecken, das ist eine Aufgabe, der sich anspruchsvolle Frauen nicht entziehen. Auch wenn es oft schwer ist, denn – wie schon erwähnt – die Stimme unseres Schicksals wird meist schon sehr früh von anderen Stimmen übertönt oder zum Schweigen gebracht. Die meisten von uns bekamen bereits in der Kindheit Botschaften und Zuschreibungen mit auf den

Weg, die verhinderten, dass wir unser «wahres Selbst» entwickeln konnten. Darauf angewiesen, von den Eltern geliebt und akzeptiert zu werden, fixierten wir uns vielleicht sehr früh auf die Wünsche und Bedürfnisse der Erwachsenen. Wir lernten: «Besser, ich zeige nicht meine wahren Gefühle, denn die gefallen Mutter oder Vater vielleicht nicht.» Je öfter wir uns verstellen und anpassen mussten, desto mehr verlernten wir, uns selbst zu spüren. Im Laufe der Entwicklung legten wir uns ein «falsches Selbst» zu, wie der Psychoanalytiker D. W. Winnicott es nannte. Kinder mit einem «falschen Selbst» wissen instinktiv, was die Eltern von ihnen erwarten, sie verdrängen ihre eigenen Bedürfnisse, weil sie wissen: «Wenn ich die Bedürfnisse der Erwachsenen erfülle, dann lieben sie mich.» Irgendwann geht jegliches Gespür für die eigenen Wünsche verloren. Menschen mit einem «falschen Selbst» finden nur schwer oder im Extremfall überhaupt keinen Zugang zu ihrem eigenen Wollen. Ohne dass sie sich dessen bewusst wären, leben sie nach den Vorgaben ihrer Eltern oder anderer Bezugspersonen:

- Die brave Tochter verzichtet auf ihre berufliche Karriere, heiratet und bekommt zwei Kinder. Die Botschaft der Mutter hat sie sehr wohl verstanden: «Ich konnte keine Karriere machen, nun machst du auch keine.»
- Der brave Sohn studiert Zahnmedizin. Schließlich soll er die Praxis seines Vaters übernehmen. Dass seine größte Freude der Musik gilt, «vergisst» er während des anstrengenden Studiums.

- Der hoch begabte Sohn einer allein erziehenden Mutter wird seit seiner frühesten Jugend wegen seiner Schönheit bewundert. Seine herausragenden schulischen Leistungen interessieren die Menschen in seiner Umgebung weniger als sein Aussehen. Er lernt: «Ich werde geliebt, weil ich schön, nicht weil ich klug bin.» So entwickelt er sich zum umschwärmten Frauenheld, versprüht seinen Charme und bekommt Anerkennung. Nur er selbst liebt sich nicht, leidet unter Depressionen und hat kein Interesse, seine Begabungen für seine berufliche Entwicklung zu nutzen. Er wird zum ewigen Studenten.

Nicht immer sind frühe Botschaften so leicht zu identifizieren wie in diesen Beispielen. Und nicht immer ist ein großer Leidensdruck damit verbunden. Viele Menschen haben sich in dem Leben, das sie sich nach den Vorgaben anderer – meist der Eltern – «ausgesucht» haben, ganz nett eingerichtet. Dass es hier und da manchmal im Gebälk knirscht, dass sie sich immer mal wieder unlebendig und erstarrt fühlen, halten sie für normal.

Man kann so leben, keine Frage. Aber wenn man größere Ansprüche an das Dasein stellt, wenn man will, dass das Leben wirklich einen Sinn hat, dann sollte man es sich nicht ganz so bequem machen. Für anspruchsvolle Menschen lohnt es sich, nach ihren möglicherweise verschütteten Bedürfnissen zu forschen, das wahre Selbst zu entdecken.

Sie sind eine anspruchsvolle Frau. Deshalb wollen Sie es

jetzt wissen: Was ist meine Berufung? Wofür könnte ich in diesem Leben bestimmt sein? Gab es frühe Anzeichen für meinen Weg? Eine künstlerische Begabung? Eine soziale Ader? Die Freude an Pflanzen und Tieren? Wollte ich nicht Mathematikerin werden?

Um Antworten auf diese Fragen zu finden, müssen Sie in die Vergangenheit zurückgehen und feststellen, ob die Stimme Ihres Schicksals an irgendeinem Zeitpunkt verschüttet wurde. Das wird Ihnen nicht ganz leicht fallen, vor allem, wenn Sie sich Fragen dieser Art noch nie gestellt haben. Lassen Sie sich deshalb Zeit und beantworten Sie die folgenden Fragen schriftlich:

- Was war das Schlimmste, was Ihre Eltern jemals zu Ihnen oder über Sie gesagt haben?
- Was war das Netteste, was sie zu Ihnen gesagt haben?
- An welche typische Bemerkung Ihrer Mutter (Ihres Vaters) über das Leben und über Sie selbst können Sie sich erinnern?
- Was sollte nach dem Willen Ihrer Eltern aus Ihnen werden?
- Wann haben Ihre Eltern Ihnen am meisten Aufmerksamkeit geschenkt – als Sie krank, gesund oder in Sorge waren? Oder wann sonst?
- Wie konnten Sie Ihre Eltern aufregen, wie besänftigen?
- Zeigten Sie als Kind eine besondere Begabung? Was ist daraus geworden?
- Waren Sie ein unangepasstes, störrisches Kind? Hatten

Sie einen starken Willen? Wie haben die Erwachsenen darauf reagiert?

Haben Sie Antworten auf alle Fragen gefunden? Dann prüfen Sie bitte: Was habe ich über mich gelernt? Gab es ein Aha-Erlebnis? Sind Sie zufrieden mit dem Bild, das Ihre Antworten Ihnen zeigen? Oder wünschten Sie, es wäre früher einiges anders gelaufen? Wenn das der Fall ist, fragen Sie sich: Was hätte ich gerne anders? Was möchte ich ändern? Was kann ich ändern?

Wenn Sie sich selbst gegenüber wirklich ehrlich sind, können Sie auf diese Weise Ihrem «wahren Selbst» ein Stück näher kommen. Sie bekommen eine Ahnung davon, welche Berufung tief verschüttet in Ihnen schlummert. Möglicherweise ergeht es Ihnen so, wie es mir ergangen ist: Ich musste bei der Beantwortung dieser Fragen feststellen, dass in meinem Leben sehr früh die Weichen in eine Richtung gestellt worden sind, die mir nicht entspricht.

Ich war als Kleinkind sehr krank. Lange wussten die Ärzte nicht, was mir fehlte. Meine Eltern ängstigten sich sehr, fürchteten, mich zu verlieren. Ich überlebte. Aber auch die Angst überlebte, vor allem in meiner Mutter. Obwohl ich mich ganz normal entwickelte, hielt sie mich für ein schwaches Kind, das nicht belastet werden durfte. «Sie ist zu zart dafür», hieß es, als ich mich fürs Ballett interessierte. «Dafür ist sie zu schwächlich», bekam meine Sportlehrerin zu hören, die in mir ein Schwimmtalent sah. «Das steht sie nicht durch», sagte meine Mutter meinem Lehrer, der mich aufs

Gymnasium schicken wollte. Aus Angst, mich zu überfordern, wurde ich nicht gefördert. Kein Wunder, dass diese Angst auch meine späteren Entscheidungen prägte. Die innere Stimme flüsterte mir, die ich längst erwachsen war, immer weiter die elterlichen Botschaften vor: Nur kein Risiko eingehen, das kannst du nicht, dem bist du nicht gewachsen . . . So begann ich meine berufliche Laufbahn als Bankangestellte – was Sicheres und nicht so Anstrengendes. Und ich kämpfte als Jugendliche und junge Frau ständig gegen leichtes Übergewicht, weil ich mich in meinem Körper nicht wohl fühlte. Erst langsam durchschaute ich, dass ich ein Leben lebte, das gar nicht meines war. Es war nicht mein Wunsch, in einer Bank Karriere zu machen. Es war erst recht nicht mein Wunsch, mich zu «schonen». Ich begann, mich zu fordern und damit auch zu fördern! Nach vier Jahren hatte ich am Abendgymnasium das Abitur nachgemacht, studierte und erfüllte mir den Berufswunsch, den ich bereits als 12-Jährige formuliert hatte: Ich begann journalistisch zu arbeiten. Ganz nebenbei entdeckte ich meine Freude an meinem Körper: Der war nämlich alles andere als schwächlich, sondern kraftvoll und sportlich. Heute weiß ich, dass ich wahrscheinlich eine gute Sportlerin geworden wäre und dass mir das viel Freude bereitet hätte. Für eine Sportkarriere ist es längst zu spät. Doch wenn ich heute über die Felder jogge, bin ich stolz auf die Fähigkeiten meines Körpers, genieße das Spiel der Muskeln und weiß – das ist es, was ich will: Mich bewegen, mich spüren. Ich bin nicht schwach!

Dass es nie zu spät ist, die Weichen neu zu stellen, zeigt auch das Beispiel meiner heute 65-jährigen Freundin Gabriele. Bis zu ihrem 40. Lebensjahr arbeitete sie erfolgreich als Direktionsassistentin in einer großen amerikanischen Firma. Sie war anerkannt, verdiente sehr gut, konnte sich einen gehobenen Lebensstil leisten. Doch ihr Leben lang war die Depression ihr Begleiter – ein schrecklicher Begleiter, der sie zu einem Suizidversuch verführte. Sie konnte gerettet werden und begann eine Psychotherapie. Im Laufe der Zeit erkannte sie, dass es nie ihr Lebensziel gewesen war, zu managen und zu organisieren. Sie hatte keine Freude daran, bei Konferenzen simultan aus dem Englischen zu dolmetschen, sie empfand keinerlei Befriedigung, wenn ihr Chef ihr Gehalt erhöhte. In der Therapie erinnerte sie sich, dass sie als kleines Mädchen mit Hingabe «verkaufen» gespielt hatte. Als Sechsjährige «besaß» sie einen gut gehenden kleinen Laden (bestehend aus Obstkisten), in dem sie alles, was im elterlichen Haushalt nicht niet- und nagelfest war, an die Nachbarskinder gegen Naturalien (Kaugummi, Kastanien, Murmeln) verkaufte. Um es kurz zu machen: Seit mehreren Jahren steht sie nun in ihrem eigenen Blumenladen und war, wie sie selbst sagt, «keine Minute mehr depressiv».

Sind auch Sie beim Blick in die Vergangenheit einem verschütteten Bedürfnis, einer Begabung auf die Spur gekommen? Flackerte in Ihrer Kindheit früh etwas auf, was dann – aus welchen Gründen auch immer – wieder verschwand? Der Meistergeiger Yehudi Menuhin wünschte sich als Vierjähriger eine Geige. Man erfüllte seinen Wunsch und schenkte ihm eine Kindergeige aus Blech. Statt sich zu freuen, zertrümmerte der kleine Yehudi das Blechspielzeug und beruhigte sich erst, als er eine richtige Geige in Händen hielt. Gab es ähnliche Situationen in Ihrer Kindheit, die Hinweise auf Ihre «Bestimmung» sein könnten?

Es muss nicht unbedingt Großartiges sein, dem Sie eventuell auf die Spur kommen. Vielleicht erkennen Sie, dass es Ihr «Ding» ist, Ihre soziale Ader in einem Ehrenamt zu verwirklichen. Vielleicht schaffen Sie sich endlich einen Hund an, weil Sie das schon immer wollten. Vielleicht ziehen Sie aufs Land, weil Sie feststellen, dass es Ihre Bestimmung ist, Natur um sich zu haben. Vielleicht aber kündigen Sie auch Ihren Job und riskieren einen beruflichen Neuanfang.

Was auch immer Sie als Ihre Berufung erkennen – Sie werden es sofort merken, wenn Sie fündig geworden sind: Ein plötzliches Gefühl von Lebendigkeit und Lebensfreude wird Sie durchfluten. Sobald Sie herausgefunden haben, was Sie wirklich wollen, wird die unerklärliche Unruhe einer beruhigenden Gewissheit weichen. Wenn Sie sich voller Energie und Leidenschaft fühlen, wenn Sie vor Interesse brennen und es gar nicht mehr abwarten können, aktiv zu werden, dann können Sie sicher sein, dass Sie auf dem richtigen Weg sind. Ihr Leben wird ab sofort anspruchsvoller sein.

X.
Du sollst keine Powerfrau sein

«Toll, wie du das alles schaffst!» Hörte ich früher dieses Lob, ging mir das Herz auf. Schließlich war es mein Anspruch, alles unter einen Hut zu bekommen, und das auch noch möglichst perfekt. Ich wollte nicht nur in meinem Beruf erfolgreich sein, sondern auch noch eine gute Hausfrau, Ehefrau, Freundin, Tochter, Schwiegertochter abgeben. Obwohl ich oft einen 12-Stunden-Tag im Büro hatte, legte ich großen Wert darauf, die Hemden meines Mannes selbst zu bügeln, eine Putzfrau zu engagieren lehnte ich strikt ab, und wenn wir Freunde einluden, wollte ich unbedingt ein Drei-Gang-Menü zaubern. Aus der Bewunderung der anderen zog ich meinen Lohn. Ich war ja so tüchtig!

Heute weiß ich – und ich bitte den deutlichen Ausdruck zu entschuldigen: Ich war schön blöd! Ich war Opfer eines Wahlspruchs geworden, mit dem eine ganze Frauengeneration sich selbst ein Grab geschaufelt hat: «Wir wollen alles!», skandierten Frauen in den 70er und 80er Jahren und brachten damit zum Ausdruck, dass sie weder auf Karriere noch auf Familienglück verzichten wollten. Es muss doch möglich sein, Erfolg im Beruf zu haben, ohne als bindungsloser Single leben zu müssen, meinten damals die

Vorreiterinnen der Bewegung. Männer und Frauen müssten sich einfach nur die Arbeit gleichberechtigt teilen, so lautete – etwas verkürzt – die Lösungsformel. Oberflächlich betrachtet, ist die Rechnung aufgegangen: Frauen sind heute selbstverständlicher berufstätig als die Generationen vor ihnen. Und sie sind «nebenbei» auch noch tüchtige Ehefrauen und Mütter.

Doch der Preis für diesen Erfolg ist hoch – und ihn bezahlen wir Frauen allein. Wenn wir «alles» haben wollen, müssen wir «alles» geben. Auf Unterstützung und Entlastung können wir dabei nur selten hoffen. So wurden wir zwangsläufig zu Powerfrauen, weil wir es für selbstverständlich hielten, in allen Lebensbereichen die Beste zu sein.

Wir Frauen beherrschen perfekt die Kunst des *Multitasking* – die Fähigkeit, mehrere Tätigkeiten und Anforderungen gleichzeitig zu erledigen. Dieser Begriff beschreibt in seinem eigentlichen Sinn die Tatsache, dass wir heute immer mehr Informationen gleichzeitig verarbeiten müssen: Fernsehen, Internet, Nachrichten, Telefon, E-Mails wollen ver- und bearbeitet sein. In einem Frauenleben ist *Multitasking* nicht nur auf Informationsverarbeitung beschränkt. Frauen müssen den lieben langen Tag verschiedene Aufgaben parallel erledigen: Wir bereiten das Frühstück für die Familie, bringen die Kinder in den Kindergarten oder zur Schule, eilen an den Arbeitsplatz, bereiten Konferenzen vor, erledigen Telefonate, schreiben E-Mails, gehen mittags schnell einkaufen, konzentrieren uns dann wieder auf die beruflichen Aufgaben, holen auf dem Heimweg das Päckchen von der Post ab, stecken zu Hause schnell die Wäsche in die Maschine, rufen pflichtbewusst unsere alten Eltern an, erinnern uns selbst daran, dass wir morgen ein Geburtstagsgeschenk für die Freundin kaufen müssen, und wenn der geliebte Mann an einer Erkältung leidet, machen wir ihm Wadenwickel . . .

Manche Wissenschaftler glauben: Je mehr Anforderungen ein Mensch bewältigen kann, desto flexibler wird er und desto besser kommt er mit neuen Herausforderungen zurecht. Doch es gibt zunehmend auch warnende Stimmen: Wenn wir zu vieles gleichzeitig verarbeiten wollen, werden wir auf Dauer unkonzentriert, nervös, unaufmerksam. Wir nehmen viel wahr, aber nichts richtig. Wir erledigen viel, aber auch das nicht so, dass es uns befriedigen würde. Weniger wäre auf jeden Fall mehr.

Alles möglichst perfekt zu erledigen ist ein hoher, ein zu hoher Anspruch, der sich bei genauem Hinsehen als wenig anspruchsvoll herausstellt. Denn wenn wir versuchen, jeden Lebensbereich perfekt zu managen, wenn wir erfolgreich im Beruf *und* im Privatleben sein wollen, bleiben wir selbst früher oder später auf der Strecke. Wir sind wie eine Maus im Laufrad, die routiniert ihre Runden dreht, aber weder weiß, warum und wofür sie das tut, noch sich die Frage stellt: «Macht mir das eigentlich Spaß?»

Anspruchsvolle Frauen erkennen, dass der Wunsch «Wir wollen alles» im Grunde schon lange nicht mehr ihr persönlicher Wunsch ist. Sie stellen fest, dass sie zwar immer noch hohe Ansprüche haben, dass sie aber nicht alles gleichzeitig realisieren müssen. Sie machen sich frei von der klischeehaften Vorstellung, wie eine erfolgreiche Frau zu sein hat, und definieren für sich Erfolg neu.

Das amerikanische Marktforschungsinstitut *Yankelovich Partners* befragte 300 Karrierefrauen im Alter zwischen 35 und 49 Jahren über ihre Zufriedenheit in Beruf und Privatleben. Es waren mehrheitlich sehr erfolgreiche, hoch bezahlte Managerinnen, die den Marktforschern Rede und Antwort standen. Trotz ihrer bewundernswerten Karriere sagten 87 Prozent, sie überlegten ernsthafte Veränderungen. Fast ein Drittel gab zu, häufig unter depressiven Verstimmungen zu leiden, mehr als 40 Prozent klagten, sie hätten das Gefühl, in einer Falle zu stecken, und fast alle meinten, sie hätten gar kein eigenes Leben mehr. Eine Befragte brachte das Unwohlsein auf den Punkt: «Das kann doch nicht alles gewesen sein!»

Das sagen sich inzwischen immer mehr Frauen. Sie fangen an, daran zu zweifeln, ob sie den Erfolg im Beruf wirklich wollen, ob sie weiter auf der Karriereleiter emporklettern wollen. Andere fragen sich, ob sie wirklich eine Familie wollen, ob sie sich nicht nur von den Erwartungen der Umwelt und dem eigenen Anspruch, alles leisten können zu müssen, verleiten lassen.

Mary Lou Quinlan, die in New York eine Beraterfirma leitet, schreibt in der amerikanischen Zeitschrift «*Redbook*» (9/2000), «dass ein wunderbares Leben nicht davon abhängt, was man alles leisten kann, sondern davon, was man sich selbst erspart». In ihrem Fall bedeutet dies: Sie verzichtet darauf, eine gute Köchin sein zu wollen. «Ich koche nicht. Ich habe 22 Jahre lang, seit ich verheiratet bin, keinen Kochlöffel angerührt. Ich fühle mich deshalb kein bisschen schuldig. Weil ich nicht gut kochen konnte, entschied ich mich dafür, meine Energien in das zu stecken, was ich wirklich kann. Ich bekomme meine persönliche Erfüllung nicht dadurch, dass ich alles richtig mache, sondern dass ich das gut mache, woran mir wirklich liegt.»

Andere Frauen stellen fest, dass beruflicher Erfolg sie nicht wirklich glücklich macht. Lange Zeit war es für viele Frauen tabu, sich gegen den Beruf und für ein Leben als «Nur-Hausfrau und Mutter» zu entscheiden. Inzwischen wächst die Zahl der Frauen, die auf die Frage «Und was machen Sie?» stolz und selbstbewusst antworten: «Ich kümmere mich um meine Familie!» Die amerikanischen Journalistinnen Loretta Kaufman und Mary Quigley haben diesem neuen Typus von Frau ein ganzes Buch gewidmet. Darin stellen sie fest: «Viele Frauen gelangen langsam zu einer neuen Sicht des Lebens.» Wie zum Beispiel die 37-jährige Betty Walter: «Ich denke, dass ich als junge Frau – völlig fixiert auf die Karriere – in der Schublade war, die die Frauenbewegung für mich geöffnet hat. Meinen Wert leitete ich aus meiner Arbeit ab. Aber seit ich Mutter bin, weiß ich, dass diese Schublade mich zu sehr begrenzte und dass es im Leben mehr gibt als einen Titel, eine große Karriere und Geld. Das gilt auch für meine Rolle als Ehefrau. Verheiratet zu sein, das ist eine ständige Herausforderung.» Betty Walter hat sich gegen die Karriere und für ihre Familie entschieden, weil sie erkannt hat, dass das familiäre Miteinander ihr wichtiger ist als berufliche Anerkennung.

Andere Frauen entscheiden sich für Teilzeitarbeit oder für eine ehrenamtliche Tätigkeit, die sie mit ihren familiären Pflichten besser vereinbaren können. Bewusst ist ihnen dabei immer, dass sie sich für eine Zeit lang in finanzielle Abhängigkeit oder Unsicherheit begeben. Warum ihnen das keine Angst macht, formulierte eine der von den beiden Journalistinnen Befragte: «Ich habe neun Jahre lang für mich selbst gesorgt, ehe ich geheiratet habe. Ich weiß, dass ich jederzeit wieder finanziell unabhängig werden kann. Dazu muss ich nicht jeden Tag arbeiten gehen und es mir beweisen – ich weiß, dass ich es kann.»

Frauen wie Mary Lou Quinlan und Betty Walter haben den Mut, der vielen von uns noch fehlt. Zwar spüren wir, dass wir unsere innere Balance verloren haben. Wir fühlen uns ausgebrannt, erschöpft, gestresst, doch noch scheuen wir davor zurück, auf die Bremse zu treten. Der Grund: Wir glauben immer noch daran, dass wir nur dann glücklich werden, wenn wir wollen, was wir angeblich wollen sollen. Wir wagen es nicht, eigene Definitionen für Glück, Erfolg, Lebenszufriedenheit zu finden. Wir wagen es nicht, uns entweder für den Job oder Kinder zu entscheiden. Noch fürchten wir, dass wir mit einer solchen Entscheidung «auffällig» werden würden. Wir fürchten, dass andere (wer eigentlich?) uns für schwach halten könnten, wenn wir eingestehen: «Ich will gar nicht alles. Und schon gar nicht will ich alles zur selben Zeit!»

Anspruchsvolle Frauen bringen diesen Satz über ihre Lippen. Sie wissen, dass nur sie ganz alleine darüber entscheiden können, wann sie «erfolgreich» und «glücklich» sind. Wenn auch Sie anspruchsvoller werden wollen, müssen Sie sich unbedingt ehrlich eingestehen, welchem Lebensbereich Ihr Herz wirklich gehört. Wenn Sie es satt haben, sich nirgendwo «richtig» zu fühlen, wenn Sie bei der Arbeit nicht das leisten, was Sie leisten könnten, und Ihrer Familie gegenüber permanent ein schlechtes Gewissen haben, wenn es Ihnen keinen Spaß macht, Stufe für Stufe die Karriereleiter hochzuklettern, und Sie viel lieber etwas Sinnvolleres tun würden, auch wenn diese Tätigkeit schlechter bezahlt ist, dann sind Sie reif für den Abschied von der Superfrau. Allerdings ist das oftmals gar nicht einfach, so verstrickt, wie wir in unsere Aufgaben sind. Eine kleine Übung kann bei der Klärung hilfreich sein:

Zeichnen Sie einen Kreis und teilen Sie ihn in «Tortenstücke». Wie groß fällt das Tortenstück für folgende Lebensbereiche aus?

- Arbeit
- Partnerschaft/Familie
- Freunde
- Eigene Interessen
- Gesundheit/Sport

Die «Torte» könnte zum Beispiel folgendermaßen aussehen:

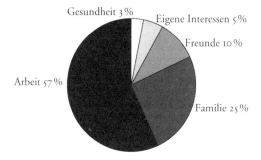

Gefällt Ihnen die Aufteilung? Entspricht die Größe der «Tortenstücke» Ihren Wünschen? Wie würde die Torte aussehen, wenn Sie Ihre Zeit nach Ihren Vorstellungen aufteilen?

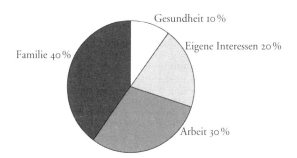

Die «Torte» kann ein erster Anhaltspunkt für Sie sein, dass Sie viel zu viel Energie und Zeit auf einen Lebensbereich verwenden, der es Ihnen genau genommen nicht wert ist.

Wenn Sie Erfolg und Lebensglück für sich neu definieren, dann kann das bedeuten, dass Sie feststellen: «Ich investiere zwar sehr viel in meinen Beruf, doch obwohl ich Hervorragendes leiste, fühle ich mich gar nicht erfolgreich. Leistung gibt mir keine Erfüllung.» In diesem Fall kann es sinnvoll sein, die Aufmerksamkeit von diesem Bereich abzuziehen: Lehnen Sie die nächste Beförderung ab. Beschließen Sie, keine Überstunden mehr zu machen. Sagen Sie «nein», wenn Ihnen ein neues herausforderndes, aber arbeitsintensives Projekt angeboten wird. Möglich, dass eine solche Haltung bei Ihren Vorgesetzten und Kollegen Kopfschütteln hervorruft, möglich, dass weniger kompetente Männer an Ihnen vorbei befördert werden, möglich, dass Sie finanzielle Einbußen erleiden. Aber ist Ihnen all das wirklich wichtig? Wenn Sie feststellen, dass Erfolg im Job Ihnen keine Befriedigung gibt, dann werden Sie darauf leichten Herzens verzichten können. Denn Sie wollen in ganz anderen Bereichen erfolgreich sein, und dafür brauchen Sie Ihre Kraft. Wenn Sie anhand Ihrer «Torte» feststellen, dass Sie ein erfülltes Privatleben jedem öffentlichen Ansehen vorziehen, dann sollten Sie Ihre Anstrengungen in dem Bereich, der Ihnen weniger wichtig ist, reduzieren.

Mary Lou Quinlan weiß «aus meiner reichen persönlichen Erfahrung», dass «Glück und Erfolg wirklich nur das (sind), was Sie darunter verstehen – nicht, was irgendwer sonst darunter versteht. Und Sie müssen wirklich nicht alles gut machen. Es reicht, wenn Sie das gut machen, was Ihnen wirklich am Herzen liegt.»

Powerfrauen gehören langsam der Vergangenheit an. An ihre Stelle treten Frauen, die viel zu anspruchsvoll sind, um sich selbst unter Druck zu setzen, die es ablehnen, sich auszupowern, die nach dem Sinn Ihres Tuns fragen und es nicht für erstrebenswert halten, überall perfekt zu sein. Anspruchsvolle Frauen treffen sorgfältig ihre Wahl: Sie prüfen, wofür und für wen sich ihr Einsatz lohnt. Und keine Angst: Sobald Sie anfangen, sich von Ihrem Anspruch «Ich will alles» zu befreien, werden Sie feststellen, dass Sie damit schnell zum Vorbild für andere Frauen werden. Sie sind nicht die Einzige, die es satt hat, sich die Anerkennung der Umwelt durch Höchstleistungen verdienen zu müssen. So sagten in einer Umfrage unter mehr als 1000 Personen 53 Prozent, dass sich ihre Definition von Erfolg in den vergangenen fünf Jahren stark verändert habe: Geld verdienen sei ihnen nun nicht mehr so wichtig. Vielmehr seien sie nun daran interessiert, mehr Kontrolle über ihr Leben zu bekommen, mehr Zeit für sich selbst und wichtige Menschen zu haben und stressfreier zu leben.

Es wird die Zeit kommen, in der Menschen, die ihre starke Leistung mit ständiger Erschöpfung und dem Verlust ihrer Lebensfreude bezahlen, nicht mehr bewundert, sondern bemitleidet werden. Sie werden keine Anerkennung mehr dafür bekommen, dass sie alle Anforderungen gleichzeitig erfüllen wollen, wenn es ihnen nicht gelingt, ihr Leben in Balance zu halten. Bewundert werden in Zukunft jene Menschen, die anspruchsvoll genug sind, Prioritäten zu setzen. Die sich für einen Lebensbereich entscheiden, weil sie es für richtig halten – und nicht, weil die Gesellschaft, die Familie oder sonst wer es ihnen vorschreibt.

Wenn Sie jetzt anfangen, keine Superfrau mehr sein zu wollen, gehören Sie zu den Vorreiterinnen dieser neuen, anspruchsvollen Entwicklung.

SCHLUSS

Es ist noch gar nicht so lange her, da mussten Ehefrauen noch ihren Ehemännern gehorchen, Frauen hatten kein Wahlrecht, von ihnen unterschriebene Verträge waren nicht rechtskräftig, ohne Erlaubnis des Mannes durften sie kein eigenes Geld verdienen, sie durften keinen eigenen Besitz haben, der Zugang zu Bildung wurde ihnen verwehrt, und im öffentlichen Leben war kein Platz für sie. Über Generationen hinweg lernten Frauen, dass sie selbst keine Ansprüche stellen, aber die Ansprüche anderer erfüllen sollten. In einer Ausgabe der Frauenzeitung «Die junge Dame» aus dem Jahr 1936 wurden der interessierten Leserin wichtige Tipps für eine gute Ehe gegeben. Eine Auswahl:

- «Lerne zuhören, wenn dir der andere etwas erzählt, selbst wenn es dir vielleicht im Augenblick uninteressant erscheint.»
- «Du darfst deinen Mann zwar das Resultat deiner kosmetischen Bemühungen bewundern lassen, nicht aber die Bemühungen selbst. Fettcreme im Gesicht, Pasten und Packungen auf der Haut lassen dich nicht eben reizvoller erscheinen.»
- «Richte dich so ein, dass du, wenn er abends müde nach Hause kommt, Zeit für ihn hast. Er mag es gern, wenn er sich von dir erwartet sieht. Rede dann möglichst wenig von Geldangelegenheiten und möglichst viel von angenehmen Dingen.»

- «Achte darauf, dass sein Lieblingshemd immer gewaschen im Schrank hängt, seine Lieblingskrawatte hin und wieder einen Bügelstrich erhält. Hast du einen Raucher zum Mann und bist selbst Nichtraucher, dann schreibe dir mindestens einmal wöchentlich auf deinen Besorgungszettel: ein Paket Streichhölzer.»

Auf den ersten Blick wirken diese Ratschläge erheiternd. Aber schnell bleibt uns das Lachen im Halse stecken, wenn wir uns klar machen: Das haben unsere Mütter oder Großmütter gelesen! Für die Frauengenerationen vor uns war es selbstverständlich, die eigenen Wünsche und Bedürfnisse denen des Mannes unterzuordnen. Sie haben über die Ratschläge der «Jungen Dame» nicht gelacht, sondern sie fleißig befolgt.

Wir haben über 30 Jahre Frauenbewegung hinter uns und eine vollkommene Veränderung der Frauenrolle erlebt. Heute besitzen wir gleiche Rechte wie die Männer, wenn auch die vollständige Gleichberechtigung damit noch längst nicht erreicht ist. Und doch wäre es blauäugig anzunehmen, dass das Denken und Handeln unserer Mütter und Großmütter nicht seine Spuren auch in uns hinterlassen hätte. Nicht alle Frauen dieser Generation, aber doch die Mehrheit, übten sich in Anpassungsfähigkeit, waren bereit, sich unterzuordnen und sich mit der typischen Frauenrolle zu bescheiden. Diese Eigenschaften sind zwar nicht erblich – und doch wirken sie noch heute in uns modernen Frauen nach. Erzogen von eben diesen Großmüttern und Müttern, hat deren traditionelles Frauenleben eine Spätwirkung auf unser Leben. Selbst wenn es nur noch Spurenelemente sind, so können sie uns doch noch in einem Maße beeinflussen, das uns selbst nicht bewusst ist. Sie können uns davon abhalten, ein anspruchsvolles Leben für selbstverständlich zu halten.

Die «10 Gebote für anspruchsvolle Frauen» sind Ihnen hoffentlich eine Hilfe, wenn Sie die Einflüsse der Vergangenheit endgültig überwinden und endlich zu der Frau werden wollen, die Sie wirklich sind. Die «10 Gebote» zeigen Ihnen, wie wichtig es für Sie und Ihre weitere Entwicklung ist, berechtigte Ansprüche zu stellen: an sich selbst, an andere, an das Leben. Vielleicht gibt es Ihnen einen letzten, weiteren Motivationsschub, wenn ich Ihnen noch einmal zusammenfassend vor Augen führe, was Sie gewinnen, wenn Sie anspruchsvoller werden:

- Sie bekommen mehr Vitalität und Energie.
- Ihr Leben wird sinnvoller.
- Sie sind ausgeglichener und zufriedener.
- Sie haben genügend Zeit für sich selbst.
- Sie haben es mit Menschen zu tun, die mit Ihnen auf gleicher Wellenlänge senden.
- Sie sind gesünder an Körper und Psyche.
- Sie verhalten sich eindeutiger und sind entscheidungsfreudiger.
- Sie haben eine starke Ausstrahlung.

Brauchen Sie noch mehr gute Argumente? Ich glaube nicht. Machen Sie also Schluss mit der angepassten Nettigkeit, riskieren Sie, dass andere mit Ihnen nicht immer einverstanden sind, entwickeln Sie Ihre Fähigkeiten, auch wenn Sie deshalb Ihre «Pflichten» vernachlässigen. Gehen Sie Ihren Weg. Sie müssen deshalb noch lange nicht «über Leichen» gehen. Rücksichtnahme und Einfühlungsfähigkeit gehen Ihnen nicht verloren, wenn Sie sich selbst an die erste Stelle Ihrer Prioritätenliste setzen.

Wahrscheinlich werden Sie immer mal wieder ins Stolpern geraten und «vergessen», dass Sie eine anspruchsvolle Frau sind. Es ist nicht immer leicht, die Spur zu halten. Denn die Umwelt wird immer wieder mit Störmanövern dazwischenfunken. Für diesen Fall sind die folgenden 10 motivierenden Merksätze gedacht, die Sie bei Bedarf zur Stärkung Ihres anspruchsvollen Ichs lesen sollten:

1. Mein Leben gehört mir und niemandem sonst. Ich bin nicht auf der Welt, um die Erwartungen anderer zu erfüllen. Ich bin in erster Linie auf der Welt, um meine eigenen Erwartungen nicht zu enttäuschen.
2. Ich bin verantwortlich dafür, meine eigenen Wünsche und Bedürfnisse zu kennen und sie mir zu erfüllen. Ich muss nicht warten, bis ein «edler Ritter» oder sonst wer kommt, um mir diese Aufgabe abzunehmen. Ich muss selbst für mich sorgen.
3. Ich muss nicht passiv hinnehmen, was andere entschei-

den. Ich kann meine eigenen Prioritäten setzen und danach leben.
4. Ich dulde nicht, dass andere Menschen mich missachten, schlecht behandeln oder ausnutzen.
5. Ich bestimme ganz allein, wie viel ich anderen geben möchte.
6. Ich bin allein für die Lösung meiner Probleme verantwortlich. Ich bin nicht hilflos. Ich bin kein Opfer. Niemand schuldet mir etwas.
7. Ich weiß: Wenn ich nicht aufstehe und für mich selbst kämpfe, wird es niemand anderer tun.
8. Ich allein entscheide, mit wem und womit ich meine Zeit verbringe.
9. Ich weiß, dass ich nicht für das Glück anderer verantwortlich bin.
10. Je besser ich für mich sorge, desto mehr kann ich anderen geben. Anspruchsvoller sein bedeutet nicht egoistisch sein.

Wenn Sie eine anspruchsvolle Frau sind, dann sind Sie eine freie Frau. Sie sind weitgehend unabhängig von der Anerkennung und der Meinung anderer. Sie werden zur Autorin Ihrer eigenen Geschichte. Niemand anderer als Sie selbst bestimmt, wie Ihr Leben in Zukunft weiter verlaufen soll. Sie sind eine Akteurin, keine passive Zuschauerin. Sie gehen für Ihre Rechte auf die Barrikaden, Sie wehren sich, wenn jemand Ihnen Ihren Platz streitig machen will. Sie sind unbequem, aber eindeutig.

Ich wünsche mir, dass immer mehr Frauen es wagen, anspruchsvoll zu leben. Dann wird eines Tages niemand mehr ein Wort darüber verlieren, ob eine Frau «nett», «weiblich», «liebenswürdig» oder ob sie «fordernd», «zickig», «anstrengend» ist. Dann wird klar sein, dass wir ein Recht haben, zu fordern, was uns zusteht – und dass dies nicht Anlass von Wertungen und Diskussionen zu sein hat. Dann werden nach den äußeren Schranken, die die Frauenbewegung beseitigt hat, auch die inneren Schranken gefallen sein – jenes Erbe, das wir unseren – meist viel zu angepassten – Müttern und Großmüttern verdanken. Dann werden wir Frauen endlich *unser* Leben leben. Es wird Zeit. Denn ein anderes Leben haben wir nicht.

Literatur

Till Bastian: Lebenskünstler leben länger. Gesundheit durch Eigensinn. Kindler: München 2000

Colette Dowling: Frauen im Aufwind. Fischer: Frankfurt a. M. 1999

Harriet Goldhor Lerner: Wohin mit meiner Wut? Kreuz: Stuttgart/Zürich 1990 (7. Auflage)

Verena Kast: Sich einlassen und loslassen. Herder: Freiburg 1994

Loretta Kaufman, Mary Quigley: And What Do You Do? When Women Choose to Stay Home. Wildcat Canyon Press: Berkeley 2000

Phillip C. McGraw: Life Stategies. Hyperion: New York 1999

Ursula Nuber: 10 Gebote für starke Frauen. Scherz: Bern 1999. 10 Gebote für gelassene Frauen. Scherz: Bern 2000

Richard Rohr: Von der Freiheit loszulassen. Claudius: München 1990

Herrad Schenk: Glück und Schicksal. Wie planbar ist unser Leben? C. H. Beck: München 2000

Zeruya Shalev: Liebesleben. Berlin Verlag: Berlin 2000

Ellen Snortland: Beauty Bites Beast. Trilogy Books: Pasadena 1998

Ian Stewart, Vann Joines: Die Transaktionsanalyse. Herder Taschenbuch Verlag: Freiburg 2000

Judith Viorst: Mut zur Schwäche. Heyne: München 1998

David Weeks, Jamie James: Exzentriker. Über das Vergnügen, anders zu sein. Rowohlt: Reinbek 1996

Karin Wiederkehr: Wer loslässt, hat die Hände frei. Scherz: Bern 1997

Weitere Bücher von
Ursula Nuber

Ursula Nuber

Zehn Gebote für starke Frauen

ISBN: 3-502-12510-4

Dieses kleine Buch, das mühelos in jede Tasche passt, stärkt Frauen im Alltag den Rücken. Die hier zusammengestellten zehn Gebote sind die Pfeiler eines guten Selbstwertgefühls. Sie erinnern uns daran, wie wir mit uns selbst umgehen sollen. Sie bewahren vor falscher Bescheidenheit, vor allzu großer Harmoniesucht und dem Nettigkeitssyndrom und helfen, das Leben leichter zu nehmen, Erfolg zu haben und ihn zu genießen.

Scherz

Ursula Nuber

Zehn Gebote für gelassene Frauen

ISBN: 3-502-14521-0

Richtig leben. Sich durch nichts und niemand aus der Ruhe bringen lassen. Die zehn Gebote zeigen, wie es geht. Sie machen jede Frau zu einer Lebenskünstlerin, die weiß, wie sie mit Stress und Sorgen angemessen umgeht, wie sie Depression und Frust aus ihrem Leben vertreibt und was sie braucht, um ihr seelisches Gleichgewicht zu finden und zu bewahren.

Scherz

Ursula Nuber

Schöner werden wir morgen
Eine Erinnerung, so zu bleiben, wie wir sind

ISBN: 3- 502-14520-2

Genug versucht, genug gelitten! Nach all den Therapien will die Seele endlich einmal verschnaufen, und eigentlich haben wir auch die ewigen Diäten satt. Die erlösende Aufforderung, gute Vorsätze über Bord zu werfen und sich mit den eigenen Schwächen zu versöhnen.

Scherz